Alina T Mooser

Femvertising

Das neue "Sex Sells" oder ehrlicher Feminismus?

Bibliografische Information der Deutschen Nationalbibliothek:

Die Deutsche Nationalbibliothek verzeichnet diese Publikation in der Deutschen Nationalbibliografie; detaillierte bibliografische Daten sind im Internet über http://dnb.d-nb.de abrufbar.

Impressum:

Copyright © Science Factory 2018

Ein Imprint der Open Publishing GmbH

Druck und Bindung: Books on Demand GmbH, Norderstedt, Germany

Covergestaltung: Open Publishing GmbH

Inhaltsverzeichnis

Abbildungsverzeichnis

1 Alice Schwarzer en vogue? Feminismus im 21. Jahrhundert

Feminismus ist keine Gleichberechtigung. Feminismus ist tot. Feminismus ist schlecht. Feminismus ist der Versuch, hässliche Frauen in die Gesellschaft zu integrieren. Diese Sätze erscheinen, wenn man Google die Autovervollständigung von „Feminismus ist" überlässt. (Abb.9) Die Ergebnisse der „weltgrößten Suchmaschine [sind] ein Blick in die Seele der Nutzer" (Biermann, 2013). Ein Algorithmus von Google misst die Häufigkeit privater Suchanfragen und offenbart damit die relevantesten Fragen, Gedanken und Wünsche seiner NutzerInnen. Der Feminismus genießt im 21. Jahrhundert offenkundig keinen allzu positiven Ruf. Meinungsspaltend in jeglichen gesellschaftlichen Schichten und ausschlaggebend für unzählige Diskussionen und Debatten, beweist er, dass der Kampf um Gleichberechtigung und ein adäquates Rollenbild der Frau auch im Jahr 2017 noch immer zu keinem akzeptablen Ziel gelangt ist. Das Ideal, dass Frauen die gleichen Rechte wie Männer genießen dürfen, lebt noch immer fort und gilt für Länder wie Saudi Arabien, in denen das Leben der Frauen vollkommen von Männern fremdbestimmt wird, aber auch für westliche Länder wie Deutschland, die beiden Geschlechtern mehr Chancen als jemals zuvor bieten, in der Gleichberechtigung aber nach wie vor „gravierende Unterschiede" bestehen. (BMFSFJ, 2012) Das Bundesministerium für Familie, Senioren und Frauen setzt sich in Deutschland und international für das weibliche Geschlecht ein, denn die Möglichkeiten sind noch immer ungleich. „[S]ei es bei der Berufswahl, bei der Gründung einer Familie oder beim Aus- und Wiedereinstieg in den Arbeitsmarkt. Moderne Gleichstellungspolitik setzt [...] an diesen Übergängen an" (BMFSFJ, 2012). Feminismus hat viele Gesichter. Das macht ihn so kontrovers. Oft scheint es, als könnten sich die jungen Frauen, vor allem aus westlichen Ländern nicht so recht mit der Bewegung identifizieren. Sie sind nicht persönlich betroffen und fühlen sich von der Gesellschaft nicht ungerecht behandelt; feministisches Engagement à la Alice Schwarzer mutet für sie altmodisch oder gar überzogen an. Demgegenüber hat sich der Feminismus des 21. Jahrhunderts aber auch bis hin zur Popkultur des Abendlands etabliert. Berühmte Persönlichkeiten und Idole wie Schauspielerin Emma Watson oder Megastar Beyoncé bezeichnen sich als Feministinnen und machen damit die vermeintlich verstaubte Theorie zu einem erstrebenswerten Charakteristikum der eigenen Persönlichkeit. Dieser Umstand ist auch der Werbeindustrie nicht entgangen und so muss sie sich als vermeintlicher Spiegel der Gesellschaft (Bergler, Pörzgen & Harich, 1992, S. 19) neuen, verstärkten, und in diesem Fall schon lange geforderte Belangen anpassen. Waren es früher noch viel nackte Haut, anzügliche Headlines und vorwiegend junge, schlanke und makellose Frauen, die oft im wahrsten Sinne des Wortes als Gegenstand der Werbung fungierten, so werden sie heute durch Botschaften und Botschafterinnen starker, unabhängiger Frauen ersetzt. Frauen mit realen Körpermaßen und realen Makeln, freigemacht von gesellschaftlichen Rollenklischees und Vorurteilen. Doch während sich in Fernsehen und Zeitschriften die Werbeinhalte mit frauenbestärkendem Gedankengut füllen, stellt sich unumgänglich die Frage, inwiefern der Bezug zum eigentlichen Produkt — dessen Fehlen bekanntlich schon in sexistischer Werbung keine Seltenheit war — eine Rolle spielt. Welches Unternehmen steht mit seinen Produkten, aber auch in seiner Philosophie tatsächlich hinter einer feministischen Überzeugung? Welches Unternehmen macht sich diese wiederum lediglich zunutze, um ein Phänomen aufzugreifen, das offensichtlich in breiten Teilen der jeweiligen Zielgruppe großen Anklang findet? Wie steht es um die Situation in unternehmensinternen Positionen? Lässt sich die Philosophie, die die Marke augenscheinlich so passioniert vertritt, auch in eigenem Hause wiederfinden? Hat ein Unternehmen in der heutigen Zeit mehr Chancen auf Erfolg, wenn seine Marke dem Sexismus den Kampf ansagt und sich stattdessen pro-weiblichen Botschaften verschreibt? Wie viel Feminismus verträgt die Bewerbung eines Produkts, ohne unglaubwürdig zu werden? Und existiert neben all den Bestrebungen, den Feminismus mithilfe von Werbung in Einklang mit der eigenen Marke zu bringen, auch so etwas, wie die Werbung für das offensichtlich verkaufsfördernde Hilfsmittel an sich — die reine Werbung für Feminismus?

Ziel dieser Arbeit ist es, diesen Fragen anhand von Werbeanzeigen drei verschiedener Marken auf den Grund zu gehen. Hierfür wird die dokumentarische Methode der Bildinterpretation herangezogen, die in Kapitel 3 eine genauere Erläuterung erfährt. Zunächst geht Kapitel 2 aber auf die Begrifflichkeiten ein, die für diese Arbeit hohe Relevanz haben und befasst sich somit mit der Bedeutung von Feminismus, Sexismus und dem Internetneologismus *Femvertising*. Kapitel 3 stellt wie bereits erwähnt das methodische Vorgehen vor und beschreibt dieses anhand einer Untergliederung in die beiden Arbeitsschritte der *formulierenden* und der *reflektierenden* Interpretation. Das Kapitel endet mit der Begründung der angewandten Methode. Kapitel 4 befasst sich mit dem Kernstück dieser Arbeit, dem Feminismus in der Werbung, und zieht dafür Beispiele heran, die die Frage nach ge- oder misslungenem *Femvertising* stellen. Dabei werden ausgewählte Marken der Unternehmen *Unilever* und *Kellogg's* einer genaueren Betrachtung unterzogen und entsprechende Werbeanzeigen der jeweiligen Marken mittels der dokumentarischen Bildanalyse nach Ralf Bohnsack abgehandelt. Das Kapitel widmet sich zusammenfassend dem kritischen Punkt der Glaubwürdigkeit der Marken in ihren feministischen Bestrebungen und schließt mit einem Exempel, das die Frage nach der Existenz von *Femvertising* in seiner reinsten Form stellt und den Versuch einer Antwort unternimmt. Im abschließenden fünften Kapitel werden die Ergebnisse dieser Arbeit zusammengefasst und Ausblick auf die Zukunft feministischer Werbeinhalte, deren Aufrichtigkeit und der Frage nach ihrem Verdienst für die Gesellschaft gegeben.

2 Sex Sells versus Femvertising — die Begrifflichkeiten

Im nachfolgenden Kapitel werden die für diese Arbeit signifikanten Begrifflichkeiten erläutert. Nach einem Exkurs in die Geschichte von Feminismus und Sexismus, schließt der Abschnitt mit der Erläuterung des erst vor zwei Jahren geprägten Begriffs des *Femvertising*.

2.1 Der Begriff Feminismus

Der Begriff Feminismus lässt sich nicht eindeutig definieren, da schon die Wortherkunft nicht eindeutig ist. Klar ist aber, dass er „kein ausgeformtes, in sich widerspruchsfreies Konzept" (Schenk, 1983, S. 80) ist, sondern „vielmehr ein Sammelbegriff für verschiedene weltanschauliche Positionen und Strömungen in der Frauenbewegung" (Schenk, 1983, S. 80). Deshalb sei an dieser Stelle gesagt, dass auch in der vorliegenden Arbeit die ganze Vielfalt des Feminismusbegriffs ohne Anspruch auf Vollständigkeit behandelt wird, denn die verschiedenen Positionen und Strömungen „lassen sich nicht vereinheitlichen, ohne Wesentliches auszublenden" (Pöge, Franke, Mozygemba, Ritter & Venohr, 2014, S. 19). Viele davon stehen „oft [...] unverbunden nebeneinander und beziehen sich häufig nicht aufeinander" (Pöge, Franke, Mozygemba, Ritter & Venohr, 2014, S. 21). Trotz der unterschiedlichen Theorien, haben sie „das wissenschaftlich-politische Interesse an der Verfasstheit von Geschlechterverhältnissen und die Kritik an allen Formen von Macht und Herrschaft, die Frauen diskriminieren und deklassieren" (Becker-Schmidt, Knapp, 2007, S. 7).

Allgemein sei also gesagt, dass im deutschen Sprachgebrauch der Begriff erst ab dem Jahr 1980 (Gerhard, 1988, S. 302) eine nicht-abwertende oder biologisierende Definition erhielt. Der Feminismus wird beschrieben als eine „Richtung der Frauenbewegung, die, von den Bedürfnissen der Frau ausgehend, eine grundlegende Veränderung der gesellschaftlichen Normen, beispielsweise der traditionellen Rollenverteilung, und der patriarchalischen Kultur anstrebt" (Dudena ,2017). In den Jahren zuvor beschrieben beispielsweise *Der Große Brockhaus* oder *Meyers Enzyklopädisches Lexikon* den Feminismus noch als „weibisches Wesen bei (homosexuellen) Männern" (Gerhard, 1988, S. 302) oder als „[...] das Auftreten weiblicher Eigenschaften bei einem männlichen Tier oder bei einem Mann" (Gerhard, 1988, S. 302). Im angelsächsischen und romanischen Sprachgebrauch findet sich jedoch schon ein früherer Zusammenhang mit dem Begriff und verweist auf die „Zusammenfassung aller Bestrebungen, den Frauen in allen Lebensbereichen, in Staat, Gesellschaft und Kultur, gleichen Einfluß und eine mit den

Männern gleichberechtigte Stellung zu verschaffen" (Gerhard, 1988, S. 302). Es wird unter anderem angenommen, dass das Wort zu Zeiten der Französischen Revolution unter dem Frühsozialisten Charles Fourier entstand. Er galt als Begründer einer feministischen Gesellschaftstheorie und befasste sich mit der Gleichberechtigung von Mann und Frau. In seinem Werk *Le Nouveau monde amoureux* erkannte er die weibliche Emanzipation an: „Die Natur hat beide Geschlechter gleichermaßen mit der Fähigkeit zu Wissenschaft und Kunst ausgestattet" und so dürfe die Gesellschaft nicht die „Dummheit begehen, die Frauen auf Küche und Kochtopf zu beschränken" (Notz, 2011, S.10). Ebenso heißt es, dass die Frauen in der Französischen Revolution mit ihren Frauenclubs und Frauenzeitschriften, aber auch die Frauenrechtlerin Olymp de Gouges, sowie die Frauen der Denkschule der Saint-Simonisten den Weg des französischen Feminismus ebneten. (Gerhard, 1988, S. 302) Knäpper (1984, S. 67) wiederum verweist auf andere Autoren, die die französische Schriftstellerin George Sand für die Schöpfung des Begriffs verantwortlich machen. So prägte sie den Feminismus offenbar nicht in seiner Theorie, jedoch durch ihre eigene Lebensweise. Auch in den USA stellten die Frauen bereits im Jahr 1848 die Männerdomäne an den Pranger und forderten ihre Rechte ein. In ihrer *Declaration of Sentiments* belegten sie die männliche Vorherrschaft mit 18 anklagenden Fakten, wie beispielsweise das fehlende Wahlrecht, das fehlende Recht auf Bildung oder das fehlende Recht auf Eigentum und Lohn:

> He has never permitted her to exercise her inalienable right to the elective franchise.
>
> He has denied her the facilities for obtaining a thorough education — all colleges being closed against her.
>
> He has taken from her all right in property, even to the wages she earns. (Declaration of Sentiments, 1848)

Britische Frauen, die der Antisklavereibewegung angehörten, forderten in der Mitte des 19. Jahrhunderts eigene Rechte, wie Wahl- und Bürgerrechte. In Deutschland dagegen ging die Emanzipierung von Frauen nur stockend voran. Der Feminismusbegriff hatte eine despektierliche Prägung, die allen voran von den GegnerInnen der Bewegung Verwendung fand. Frauenrechtlerinnen distanzierten sich von dem Begriff, um ihre Abneigung gegenüber der freien Liebe oder der „Zigarre rauchenden Emanzipation" (Gerhard, 1988, S. 303) zu demonstrieren; so waren es lediglich die radikalen Frauen der linken Flügel der Frauenrechtsbewegungen, die sich mit dem Begriff schmückten, „sich besonders kämpferisch für Frauenrechte einsetzten" (Schenk, 1983, S. 79) und damit „feministische Politik in Deutschland als anstößig oder zumindest des Radikalismus verdächtig" (Gerhard, 1988, S. 303) gelten ließen. Somit bestand die Notwendigkeit einer neuen Frauenbewegung in Deutschland. Sie knüpfte nach der Zeit des Zweiten Weltkriegs bewusst an die internationalen Ziele des Feminismus an und verstand sich selbst explizit als eine feministische Bewegung, die sich von den bescheidenen und selbstbeschränkten Bewegungen der vergangenen Frauenbewegung freimachte. (Gerhard, 1988, S. 302) Feminismus bedeutet demnach nicht nur „die Loslösung aus der sozialen, politischen und ökonomischen, sondern vor allem auch aus der psychischen Abhängigkeit vom Mann" (Schenk, 1983, S. 80).

2.1.1 Kritik am heutigen Feminismus

Der heutige Feminismus muss sich viel Feindseligkeit gefallen lassen: Ihm werden „Jahre der männerfeindlichen Hetze, des geschürten Misstrauens, der Warnungen vor Frauenschändern und sexuellem Missbrauch mit Steckbriefen auf Damentoiletten" (Lau, 2005) bescheinigt, sein Image sei so schlecht wie das der Deutschen Bahn und Feministinnen seien eine ‚Herde hysterischer und irrationaler *she-revolutionaries*' (Hark & Kerner, 2007). In einer Geschlechterdebatte der *Zeit* berichtet die Autorin von einer sogenannten feministischen Selbstdemontage, die aus dem Versuch herrührt, über die Jahre hinweg die „kapitalistischen Ziele privilegierter Alphamänner zu kopieren" (Lobo, 2016). Dass viele Frauen sich von der Bewegung distanzieren, liegt unter anderem an genau dieser „Imitation männlicher Lebensmodelle" (Lobo, 2016). Aber auch daran, dass zu viele Frauen die Bewegung zu einer „überwiegend undifferenziert, aggressiven und bevormundenden Bewegung" (Lobo, 2016) gemacht haben. Lobo kritisiert die Vertreterinnen des Feminismus, die der Bewegung durch ihre Überempfindlichkeit und Kritikunfähigkeit schaden und nennt dabei Beispiele, wie die Boykottierung und Bedrohung von Geschlechterthemen-Veranstaltungen mit unliebsamen Gästen oder die Empörung über einen Wissenschaftler, der im Fernsehen ein T-Shirt mit Pin-Up Motiven trug, die vermeintlich sexistisch waren.

Die feministische Bewegung der vergangenen Jahre hat Züge angenommen, die den Begriff und seine Vertreter spalten:

> Geblieben ist bis jetzt ein einengender Begriff von Feminismus [...] mit bestimmten extremen oder radikalen Positionen auf der einen Seite oder auf der Feministinnen selbst die Konkurrenz um das richtige Verständnis oder die Politik, die als radikaler Feminismus zu bezeichnen ist. (Gerhard, 1988, S. 304)

Der Feminismus des 21. Jahrhunderts steht vor der Herausforderung, die abwertend klischeehafte Perspektive, mit der auf ihn geblickt wird, abzustreifen. Zu sehr wird er als Lifestyle Bewegung angesehen, statt als politische Verpflichtung: „The willingness to see feminism as a lifestyle choice rather than political commitment reflects the class of nature of the movement" (Hooks, 1997, S. 26). Hooks (1997, S. 26) plädiert dafür, sich als FeministIn zu *bekennen,* statt FeministIn zu *sein.* Die Betonung des Feminismusbegriffs liegt zu sehr auf der eigenen Identität und einem Lifestyle. Wer sich zu der Bewegung bekennt, statt das eigene Sein über sie zu definieren, vermeidet die unmittelbare Verknüpfung einer absolutistischen Einstellung, die keine alternativen politischen Strömungen zulässt. Die wohl maßgebliche Problematik in Hinsicht auf den Feminismus ist der Begriff an sich. Die negative, klischeehafte Besetzung des Begriffs und die öffentlichkeitswirksame Platzierung neuer feministischer Positionen erfordern die Entsorgung des „so genannte[n] alte[n] Feminismus als Schreckgespenst in der Geschichte" (Hark & Kerner, 2007) und den Entwurf [eines] neuen Feminismus" (Hark & Kerner, 2007).

2.1.2 Das Ende des Feminismus?

Darüber hinaus wird Feminismus im 21. Jahrhundert aufgrund seiner „stets neu befeuerte[n] Assoziationen von ‚Unattraktivität' und ‚Verbissenheit'" (Eismann, 2007, S.9) kritisch und „misstrauisch bis hasserfüllt" (Eismann, 2007, S. 9) beäugt, er wird als „alt' und „obsolet" (Gerhard, 2009, S.121) angesehen und gar dem Tod geweiht: Im Jahr 2003 verkündete *The Guardian,* der Feminismus und der Kampf für Gleichberechtigung würden laut der Future Foundation Studie von der Öffentlichkeit als veraltetes Konzept angesehen, welches die Herausforderungen des modernen Lebens nicht ansprechen würde. Die Bewegung würde praktisch einstimmig negativ, überholt und „nervtötend" gesehen. (Ward, 2003) Die befragten Frauen fühlten sich gleichberechtigter als jemals zuvor und waren sich einig, dass die Ungleichheiten, wie beispielsweise die Rolle der Frau im Haushalt oder geringer bezahlte Berufe das Ergebnis individueller Entscheidungen und natürlicher Unterschiede zwischen den Geschlechtern seien. (Ward, 2003) *The Guardian* prophezeite das nahe Ende des Feminismus, wobei die britische Tageszeitung nicht die erste war, die das tat. Schon in den Jahrzehnten zuvor sagten bereits die *Newsweek* (1990) ‚the failure of feminism', die *New York Times* (1980) ‚radical days of feminism are gone' und das *Harper's Magazine* (1976) das ‚requiem for the women's movement' voraus. (Smith, 2003) Die Journalistin Smith betitelte das Ergebnis der Future Foundation Studie, das von der Equal Opportunities Commission (EOC) in Auftrag gegeben worden war, mit dem inzwischen bekannten *False Feminist Death Syndrome.* Dabei handelt es sich um ein Phänomen, das „Feminismus als überholtes, erbärmliches Auslaufmodell der Geschichte [...] porträtier[t], um die Gerechtigkeitsanliegen von Frauen abzuwehren" (Hark & Kerner, 2007). Smith begründete das Ergebnis der Studie mit dem Fakt, dass die EOC in eine Falle geraten war: „[...] anyone with a grasp of history could have warned them that the results, no matter how unrepresentative, would be used in this way" (Smith, 2003) — die Voraussage des Todes des Feminismus sei die Konsequenz aus der Angst der Menschen vor ebendiesem. Deshalb seien sie so „versessen" (Smith, 2003) darauf AnhängerInnen des Feminismus als „Männerhasser mit unrasierten Beinen" (Smith, 2003) zu verurteilen und sie aus dem schlichten Grund abzuweisen, dass Feminismus eine Bedrohung darstellt — eine noch radikalere Bedrohung, als die Französische Revolution es war, die eine Neuanordnung von Eigentum und politischen Rechten unter Klassenmännern vorschlug, die diese bereits genossen hatten. Doch tatsächlich sind die Menschen sich nach wie vor — wie die Studie dennoch belegte — der Ungleichheit und Diskriminierung bewusst, auch wenn sie die Art Vokabular scheuen, die diese Umstände umschreiben. (Smith, 2003) Ein allgemeiner, wenn auch bezeichnender Beweis für die Bestätigung des *False Feminist Death Syndrome* ist die Schlagzeile, mit der *The Guardian* sieben Jahre nach der Veröffentlichung der Future Foundation Studie, im Jahr 2010, einen seiner Artikel betitelte: „Feminism is not finished" (Cochrane, 2010).

2.1.3 Ziele des Feminismus

Die Ziele des Feminismus in seiner politischen Theorie, sowie in seiner sozialen Bewegung sind die „Emanzipations- Freiheits- und Gleichheitsbestrebungen von Frauen, sowie [dem] Eintreten von Frauen für ihre Rechte" (Notz, 2011, S. 12). So unterschiedlich der Feminismus in seinen Positionen ist, so verfolgt er doch in all ihnen „[den] Kampf gegen das Patriarchat als Herrschaft der Männer über Frauen, das sowohl historisch wie gegenwärtig die gesellschaftlichen und individuellen Beziehungen der Geschlechter kennzeichnet und prägt" (Gerhard, 1988, S. 304). Laut Gerhard findet die „Herrschaftssicherung" (1988, S. 304) auf drei Ebenen statt: In der ersten Ebene durch das Kontrollieren der Sexualität und demnach durch die Unterwerfung der Frau in der Geschlechterbeziehung. In der zweiten Ebene durch die Verfügung der Arbeitskraft der Frau, allen voran in der nicht-vergüteten Hausarbeit und in der dritten Ebene durch die „Ausbeutung von ‚Weiblichkeit' als eines über Jahrhunderte geformten Sozialcharakters, des ‚weiblichen Arbeitsvermögens' in der sogenannten Beziehungsarbeit" (Gerhard, 1988,

S. 304). Um die „entscheidenen Hebel zur Befreiung der Frau" (Gerhard, 1988, S. 305) in Gang zu setzten, plädieren FeministInnen demnach dafür, die eigene Sexualität selbst zu bestimmen, die geschlechterspezifische Arbeitsteilung abzuschaffen und die Geschlechterrollen aufzuheben. FeministInnen sehen in ihren Zielen eine elementare Veränderung der Welt: Die Lebensbedingungen für die ‚Hälfte der Menschheit' würde dadurch verbessert. Frauen würden von der sozialen Ungleichheit befreit und könnten somit „ihre Träume vom Menschenglück" verwirklichen. (Gerhard, 1988, S. 305) Der Feminismus im 21. Jahrhundert muss sich die Frage stellen,

> ob und welche Antworten er *heute* anzubieten hat für die komplex ineinander verwobenen Herausforderungen einer globalisierten, homogenisierenden und zugleich fragmentierten und segregierenden Welt; einer Welt [...], deren vordringlichstes Problem nicht die geglückte *Work-Life-Balance* westlicher Unternehmerinnen ihrer selbst ist, sondern immer noch Sexismus, Homophobie und Rassismus in ihren vielfältigsten, auch gewaltförmigsten Manifestationen. (Hark & Kerner, 2007)

So stellt auch Lobo fest, dass die Welt im 21. Jahrhundert einen Feminismus braucht, der nicht „unreif[]" und „paranoid" ist und „die Frauen letztlich „zusätzlicher männlicher Wut aussetzt", sondern viel mehr „lösungsorientiert[]" und „die Geschlechter versöhnend[]". (Lobo, 2016) In Hinsicht auf das vermeintliche Aussterben des Feminismus, erklärt Smith die Vorhersage als verfrüht, solange Lohngleichheit, erschwingliche Kinderbetreuung, eine faire Aufteilung von Hausarbeit, höhere staatliche Renten und die Bereitschaft, häusliche Gewalt ernst zu nehmen, noch immer nicht vorherrschen. (Smith, 2003). Trotz des viel prophezeiten Todes des Feminismus, wehren sich vor allem junge Frauen gegen die „nach wie vor stereotypen Bilder von Weiblichkeit, gegen strukturelle Barrieren [...] und gegen Gewalt" (Gerhard, 2009). Feminismus ist heute kein abstraktes Konzept, sondern gelebte Alltagskultur, [die] alle Lebensbereiche durchdringt" (Eismann, 2007, S.9). Er vernetzt dank elektronischer Medien junge Frauen auf der ganzen Welt, die neue „Aktionsformen und kulturelle Praktiken vor allem auch in Kunst- und Musikszenen" erproben. (Gerhard, 2009, S. 122) Doch damit diese Frauen sich selbst und ihre Freiheit und Selbstbestimmung, die die zahlreichen Generationen vor ihnen so mühsam erkämpften, finden, müssen sie sich zunächst Kritik und die „Distanzierung zu Vorgefundenem, sowie neuartige Politiken und Strategien, aber auch [den] Versuch, die Welt aus der Sicht der anderen zu verstehen, zu teilen und zu verändern" (Gerhard, 2009, 122) aneignen. Denn „Rechte sind kein Haben oder

Besitz, sondern müssen immer wieder erkämpft, verteidigt und an geltenden Standards von Gerechtigkeit neu vermessen werden" (Gerhard, 2009, S. 125).

2.1.4 Feminismus im 21. Jahrhundert

Die nigerianische Schriftstellerin Chimamanda Ngozi Adichie hielt im Jahr 2013 einen TEDx Talk[1] Vortrag mit dem Titel „We Should All Be Feminists". Die Rede wurde preisgekrönt und über dreieinhalb Millionen Mal auf YouTube aufgerufen. (TEDx Talks, 2013) Sie beinhaltet die kritische Betrachtung von konstruierter Männlichkeit, ohne dabei aber Männer zu diskreditieren, oder ein Geschlecht gegen das andere aufzubringen — vielmehr geht es um die Erkenntnis, dass sich die Gesellschaft als Ganzes ändern muss, wenn Gleichberechtigung verwirklicht werden soll. Es ist der Versuch einer Definition für Feminismus im 21. Jahrhundert. Adichies Rede wurde als Essay für das gleichnamige Buch „We Should All Be Feminists" angepasst und zwei Jahre später im Rahmen einer Initiative der schwedischen Frauenlobby und des Albert Bonniers Verlags an jedes 16-jährige Mädchen in Schweden verteilt. Damit hofft das Projekt, einen Anstoß zur Diskussion über Gleichberechtigung und Feminismus zu geben. (Flood, 2015) Beyoncé, die laut Forbes mächtigste Berühmtheit in der Unterhaltungsindustrie (Pomerantze, 2014), bezog Teile der Rede in ihr Lied *Flawless* mit ein und gab der Rede damit noch größeren Auftrieb. Nun im Jahr 2017 bekennt sich das französische Luxus Modelabel Dior zum Feminismus, in dem eines seiner zentralen Motive der Frühjahr-/Sommerkollektion 2017 ein weißes T-Shirt ist, das großflächig den Titel von Adichies berühmter Rede trägt. Laut der Designerin dient es als Symbol dafür, ‚den Kampf voranzutreiben': Teile des Erlöses werden einer gemeinnützigen Organisation gespendet. (Vogue, 2017)

Eines der aktuellsten Beispiele dafür, dass Feminismus noch lange nicht vor dem Aussterben steht, ist die Präsidentschaftswahl der Vereinigten Staaten von Amerika. Am 21. Januar 2017, einem Tag nach der Amtseinführung des US-Präsidenten Donald Trump, versammelten sich Millionen von Menschen zu einem Protestmarsch für Frauen- und Menschenrechte. (Bergermann, 2017) Donald Trump hatte in der Wahlperiode zahlreiche Menschen gegen sich aufgebracht und

---

[1] TED (Abkürzung für Technology, Entertainment, Design) ist eine gemeinnützige Medienorganisation, die als Innovationskonferenz gegründet wurde und Vorträge mit einer umfassenden Themenbandbreite und einem vielfältigen Spektrum an Sprechenden gemäß dem Motto „ideas Worth spreading" im Netz kostenlos zur Verfügung stellt

die Veranstalter des Women's March begründeten ihre Mission mit den Worten: „The rhetoric of the past election cycle has insulted, demonized, and threatened many of us" (Women's March, 2017). Der Marsch wolle seiner neuen Regierung und der Welt gemeinsam mit „Menschen jedes Geschlechts, jeder Herkunft [und] jeden Alters" (Zeit, 2017) ein deutliches Zeichen setzen, dass Frauenrechte auch Menschenrechte sind. (Women's March, 2017) Weltweit folgten Millionen von Menschen dem Vorbild des Women's March in Washington und demonstrierten in 673 Märschen gegen Trumps „sexistische und rassistische Äußerungen und seine geplante Politik" (Zeit, 2017). Der Marsch lief „unter dem Banner weiblicher Emanzipation" (Schmidt, 2017), verstand sich aber weniger als Anti-Trump-Protest, sondern legte den Fokus darauf, sehr viel proaktiver in Hinblick auf Frauenrechte zu werden. (Jamieson, 2016) Während des Marschs verteilte eine Buchhandlung in Oregon kostenlose Exemplare des Buchs „We Should All Be Feminists", um damit ihren Beitrag zu dem Neuanfang in den USA zu leisten und die Macht der Frauen zu zelebrieren, große Dinge zu leisten (Broadway Books, 2017), während zahlreiche Prominente das passende Dior T-Shirt trugen. (Vogue, 2017) Die Präsidentschaftswahl der USA scheint die Menschen wachgerüttelt zu haben und so verbreitet sich mit dem enormen Aufschwung der feministischen Bewegung im 21. Jahrhundert ein gewisser „Feminismusstolz" auf der Welt, den insbesondere das „Manifest" von Chimamanda Ngozi Adichie und populäre Marken und Persönlichkeiten beeinflusst haben. Feminismus ist im Jahr 2017 weder alt, noch obsolet und mit großer Wahrscheinlichkeit noch lange nicht ausgestorben.

2.2 Der Begriff Sexismus

> Einem bestimmtem Geschlecht zuzugehören heißt, einen bestimmten sozialen Ort zugewiesen zu bekommen: oben/unten, in der Familie/ in der Außenwelt, in der Genealogie, in der Arbeitsverteilung und in den kultisch-religiösen Räumen. Nicht nur die soziale Schicht bestimmt darüber, welche Positionen, Funktionen, Lebenschancen Individuen zukommen. Darüber entscheidet auch die Geschlechterzugehörigkeit. (Becker-Schmidt, 1988, S. 195)

Der Duden umschreibt den Sexismusbegriff mit einer „Vorstellung, nach der ein Geschlecht dem anderen von Natur aus überlegen sei, und die [...] Diskriminierung, Unterdrückung, Zurücksetzung, Benachteiligung von Menschen, besonders der Frauen, aufgrund ihres Geschlechts" (Duden, 2017b). Der Begriff wurde in den USA zu Zeiten des Women's Liberation Movement in Anlehnung an den Rassismusbegriff geprägt, da er wie auch der Rassismus die vermeintliche Überlegenheit einer Personengruppe gegenüber einer anderen impliziert: Sexismus kann als das System und die Praxis der Diskriminierung einer Person aus Gründen des Geschlechts definiert werden. (Tuttle, 1986, S. 292) Der Begriff fand schnell Verbreitung, weil mit ihm unzählige „Einzelerfahrungen von Frauen einen Namen und einen Zusammengang erhielten" (Hagemann-White, 1983, S. 260). Sexismus bezieht sich auf ungerechte Vorurteile gegenüber Frauen, ihre Stereotypisierung in der Geschlechterrolle, die Definition von Frauen in Bezug auf ihre sexuelle Verfügbarkeit und Attraktivität für Männer und alle bewussten und unbewussten Annahmen, die dazu führen, dass Frauen als nicht vollständig menschlich behandelt werden, während Männer als Norm identifiziert werden. (Tuttle, 1986, S. 292). Dass Frauen und Männer sich fernab der „Geschlechterstereotypen als Individuen begegnen können" (Metz-Göckel, 1988, S. 992), erfordert die Überwindung des Sexismus. Diese Überwindung inkludiert auch Männer, die sich als Opfer von Sexismus sehen, entweder in persönlichen Beziehungen, oder aber in Hinsicht auf Frauenfördermaßnahmen und -programme. Dieser Sexismus ist aber eher bekannt als umgekehrter Sexismus und sieht sich als Antwort auf den institutionalisierten Sexismus, der alle Frauen unterdrückt (Tuttle, 1986, S. 292). Wie der Rassismus, gründet wie bereits erwähnt der Sexismus gleichermaßen auf der Annahme einer wesentlichen Überlegenheit in spezifischen physischen Erscheinung: Sexistische Haltungen gegenüber Frauen erfordern beispielsweise keine Rechtfertigung, wenn Männer von Natur aus als den Frauen überlegen angesehen werden. (Tuttle, 1988, S. 292) „Für [Sexismus] wie für Rassismus typisch ist etwa, daß ‚die' nicht nur für dumm, sondern auch für besonders triebhaft und verführbar gelten: das rechtfertigt aber auch, bei passender Gelegenheit eigene ‚Schweinefantasien' an ihnen auszuleben" (Hagemann-White, 1983, S. 262).

2.2.1 Sexismus in der Werbung

Folgendes Zitat dient als charakterisierende Voranstellung für das nun folgende Kapitel:

> Verstand, Durchsetzungsvermögen, Persönlichkeit sind [bei der Frau in der Werbung] wenig gefragt, statt dessen dominiert sie als Schmuckstück und Luxusgegenstand des Mannes, dessen Sozialprestige sie durch Schönheit und Attraktivität erhöht. Davon abgesehen ist sie durch Hilflosigkeit, Naivität und Dummheit gekennzeichnet, und verfestigt damit das Stereotyp der Abhängigkeit der Frau vom Mann. (Schmölzer, 1993, S. 516)

Seit Jahrzehnten gelten bei den Werbern „Frauen als Körperteile, [...] unterwürfige Modepuppen oder [...] launische Tiere" (Fröhlich, Holtz-Bacha & Velte, 1995, S. 214) als wirksames Werbemittel. Im Jahr 1974 veröffentlichten die Vereinten Nationen einen Bericht über das Frauenbild und die Situation der Frau in den Medien: „[B]ei allen deprimierenden und negativen Ergebnissen [galt] die [Werbung] als die negativste und die bedenklichste Erscheinung" (Schmerl, 1983b, S. 317). Aller Regel nach steht im Mittelpunkt der Werbung das Produkt. Zusätzlich Präsentiertes ist „Beiwerk, Blickfang — Funktion und dient der Differenzierung des Produkts" (Fröhlich, Holtz-Bacha & Velte, 1995, S. 206). Das Bild, das das Produkt in seiner Zielgruppe hervorrufen soll, wird durch seine Umgebung gefestigt und verdeutlicht. Dabei sind laut Bergler, Pörzgen & Harich (1992, S. 16) essentielle Kommunikationsprinzipien in der Werbung ‚Prägnanz', ‚Verständlichkeit' und ‚Attraktivität: Wer sie erfolgreich einsetzen will, arbeitet folglich mit verallgemeinernden und reduzierenden Elementen, auch in der Darstellung von Menschen. Sie werden auf weniges reduziert, büßen ihre Individualität ein und ziehen daher Vorurteile und Stereotypen nach sich. (Fröhlich, Holtz-Bacha & Velte, 1995, S. 207). Der kanadische Soziologe Erving Goffman analysierte bereits im Jahr 1977 Werbung in Zeitschriften und stellte fest, dass die Interaktion von Männern und Frauen in den Anzeigen stets den gleichen Klischees entsprach: Auf Seiten der Männer herrschte „Dominanz, Expertentum, Initiative und körperliche Überlegenheit" (Schmerl, 1983a, S. 14), bei den Frauen ließen sich „Unterlegenheit, Unwissenheit, Passivität, Schwäche und körperliche Verfügbarkeit aus dem Zueinander der gezeigten Personen" (Schmerl, 1983a, S. 14) ablesen. Das weibliche Geschlecht „herabgesetzt, lächerlich gemacht oder [...] als eine nicht [ernst] zu nehmende Spezies hingestellt" (Schmerl, 1983a, S. 18) und „als kulinarische Zutat für [...] teure[] oder weniger teure[] Produkte serviert" (Schmölzer, 1993, S. 516). Schmerl (1983a) teilt dem Sexismus in der Werbung die Rolle eines heimlichen Lehrplans zu. Die Frauendarstellung in der Werbung unterteilt sie in sieben verschiedene „Rezepte", je nach dem, in welchen Kontext die Frau in der Werbung gesetzt und inwiefern sie in Verbindung mit dem jeweiligen Produkt gebracht wird. So lernen beispielsweise KonsumentInnen, dass 1. Frauen auf Sexualität reduzierbar sind, indem ihre sexuelle Attraktivität mit jedem beliebigen Produkt in Verbindung gebracht werden kann (z.B. Cocktails, Hotelketten etc.). Neben der Kombination von Frau und Produkt, wird die Frau bzw. vermeintlich typische Eigenschaften der Frau 2. mit dem Produkt *gleichgesetzt* (z.B. dunkelhäutige, leicht bekleidete Frau auf Trinkschokoladenetikett). Ein weiteres Rezept ist 3. die Verbindung zwischen Frauen und Haushalt. Die Bewerbung von Haushaltsprodukten verkörpert das Selbstverständnis, dass Haushaltsaufgaben Angelegenheit der Frau sind. In einem 4. Rezept finden sich in sexistischer Werbung Unarten wieder, die ausschließlich und unverkennbar dem weiblichen Geschlecht zugeschrieben werden (z.B. das technikunbegabte Dummchen). In ihrem 5. Rezept belegt Schmerl, dass die Werbung Frauen in „rigorose Zwangsjacken" (Schmerl, 1983aa, S.22) steckt, die drastische Forderungen an das normierte Aussehen der Frau stellen und sich entsprechende Ängste zunutze machen (z.B. nur schlank ist schön). In dem 6. Rezept dient der Emanzipationsbegriff als Vermarktungsstrategie — er wird benutzt, um sich über ebendiesen bzw. über die damit einhergehenden Forderungen zu mokieren, oder aber um ihn als käuflich" darzustellen. In Schmerls 7. und letztem Rezept macht sich die Werbung zynische Aussagen und Anspielungen über Frauen zunutze, die sich „auf dem Niveau von Herrenwitzen bewegen [und] oft auch faschistoide Tendenzen beinhalten" (Schmerl, 1983b, S. 319).

Die Charakteristika dieser Rezepte lassen sich vor allem in dem Frauen-Werbebild von Zeitschriften feststellen, wobei *Frauen*zeitschriften ausgenommen werden. Sie gehen einher mit einer „sexuellen Ausbeutung der Frau mittels Bild und Text" (Schmerl, 1983b, S. 318). Der Körper der Frau bzw. spezifische Körperteile werden in der Werbung teilweise fotografisch in einer Weise inszeniert, wie sie auch in „erotischer Fotografie" vorkommen und sind dementsprechend nicht weit entfernt von Soft- und Edelpornofotographie. (Schmerl, 1983b, S. 319). Dieser Fakt kennzeichnet, in welch frauenverachtender Manier Werbung Frauen für ihre Zwecke inszeniert. Schmerz prangert Werber an, die ihre Arbeit oft mit den frauendiskriminierenden gesellschaftlichen Zuständen und den „Medien [...] [als] Spiegel der sexistischen Realität in [der] Gesellschaft" (Scheu, 1977, S. 97) entschuldigen und diese als Grundlage voraussetzen. Fakt ist jedoch, dass die Realität „[ins Überdimensionale] verstärkt und verzerrt [wird], indem sie die genannten anderen Einflüsse an Aufwand, Omnipräsenz, Langzeitwirkung und wirtschaftlicher Macht übertrifft — und sie *inhaltlich* auf die Spitze treibt" (Schmerl, 1983a, S. 29).

2.2.2 Positionen gegen Sexismus in der Werbung

Die Entwicklung der Gesellschaft zieht Entwicklung der Werbung nach sich und so verändern sich auch die Rollentypen der Frauen. So herrschte im Jahr 1972 beispielsweise noch überwiegend das Klischee der Hausfrau vor, knapp 15 Jahre später nahm der Anteil der Karrierefrauen in der Werbung deutlich zu. (Fröhlich, Holtz-Bacha & Velte, 1995, S. 210) Auch der Handlungsspielraum der Frau hat sich erweitert: Frauen in der Werbung wurde mit der Zeit eine „selbstbewusstere [und] aktivere Grundhaltung der geschlechtsspezifischen Rollenbilder" (Fröhlich, Holtz-Bacha & Velte, 1995, S. 211) zugeschrieben und auch darüber hinaus erweiterten sich die vorherrschenden weiblichen Klischees — beschränkten sich aber nach wie vor alle auf „ausschließlich familiäre, freizeitorientierte und teilweise emotionale Funktionen" (Fröhlich, Holtz-Bacha & Velte, 1995, S. 212). Im Jahr 2007 verabschiedete die Parlamentarische Versammlung des Europarates (Council of Europe) eine Resolution, in der sie das Frauenbild in der Werbung anprangerte: *The Image of Women in Advertising* drückt klar aus, dass nahezu ausnahmslos Frauen in bestimmten Werbungen als reine Verbraucherware oder als Sexobjekte angesehen werden: „[T]oo often, advertising shows women in situations which are humiliating and degrading, or even violent and offensive to human dignity" (Bilgehan, 2007, S.113). Auch nach über 50 Jahren beherrscht Sexismus die Werbung nach wie vor und die Werbebranche steht vor einem langen Weg, ihre Einstellung zu ändern und sich von den schädlichen Rollenklischees loszulösen: „[...] much work will be required to change attitudes and demolish stereotypes which do women a disservice in their fight for equality" (Bilgehan, 2007, S.113).

Vor knapp 50 Jahren bemängelte die Feministin Betty Friedan in ihrem berühmten Werk *Der Weiblichkeitswahn* das Frauenbild in der Werbung. Zu jener Zeit war es einzig und allein Aufgabe der Frau, sich um Haus und Kinder zu sorgen. Die Rolle der anständigen Hausfrau und stets anwesenden Mutter sollte ihre größte Erfüllung sein und so nutzten auch die Werbetreibenden diesen Umstand aus und konzipierten die verfestigten Vorstellungen so, dass die Frau sich in ihrer Rolle geehrt fühlen durfte: „[...] wenn sie nämlich ein Erzeugnis für die Wäsche, ein zweites zum Geschirrspülen, ein drittes für die Wandkacheln, ein viertes für den Fußboden [...] usw. verwendet, statt eines einzigen Reinigungsmittels, dann fühlt sie sich weniger als ungelernter Arbeiter, sondern als Ingenieur" (Friedan, 1970, S. 144).

Trotz des großen Engagements von Frauen, die in den vergangenen Jahrzehnten mithilfe von Kampagnen, Kontakten zu relevanten Gremien in Werbewirtschaft und Politik und Hinweise an die WerberInnen auf offenkundige Missstände hinsichtlich frauenfeindlicher Werbung aufmerksam machten, bleiben „auch die die neuen und modernisierten Bilder [...] an der Oberfläche und lassen keine intensive und differenzierte Auseinandersetzung mit der Frau als einer vielfältigen Persönlichkeit erkennen" (Fröhlich, Holtz-Bacha & Velte, 1995, S. 213). Ein öffentliches Verbot frauenfeindlicher Werbung wurde bis heute nicht in Deutschland ausgesprochen. Die Vereinten Nationen gaben damals Zielvorstellungen an, um die Darstellung der Frau in den Medien zu verbessern, wird doch „die Frau von der Werbung international in stereotyper Weise als Dekoration und nicht als denkendes Wesen gezeigt" (Schmerl, 1984, S. 92). Der Plan forderte Informationen über die Situation der Frau zu verstärken, mit besonderer Betonung der veränderten Rolle der beiden Geschlechter. Zudem sollte das Selbstvertrauen der Frau durch die Darstellung der Leistungen von Frauen aller sozialen Schichten gestärkt werden. Weiter sollte das Frauenbild in den Massenmedien kritisch überprüft werden und letztendlich forderte der Plan stärkerer Integration der Frauen in das Management der Massenmedien und der Redaktionen. (Schmerl, 1984, S. 122) Auch ein aktuelles Beispiel zeigt, wie selbst im 21. Jahrhundert die Veränderung des Frauenbilds in der Werbung nur langsam vorangeht. Der Justizminister Maas setzt sich in Deutschland seit April 2016 für ein Verbot geschlechterdiskriminierender Werbung ein und stieß damit auf Kritik aus der Werbebranche, aber auch des damaligen Berliner Justizsenators, der seine Ablehnung gegen das Verbot sexistischer Werbung mit der Begründung, dass die Bevölkerung ‚zu Recht möglichst wenig Vorschriften' (Süddeutsche Zeitung, 2016) wolle und „Geschmacksvorschriften für [Werbung]" (Süddeutsche Zeitung, 2016) aufgrund von gut arbeitendem Werbe- und Presserat nicht notwendig seien, rechtfertigte. Der Gesamtverband Kommunikationsagenturen (GWA) stellt sich mit dem Argument gegen die Initiative, dass das Problem in der Realität ‚ohnehin keine große Bedeutung' (Süddeutsche Zeitung, 2016) hätte. Sexismus in der Werbung ist trotz über die Jahre erweiterter Rollenbilder noch immer vorherrschend und „so selbstverständlich und kontinuierlich immanent [...], daß [er] im Alltag des Werbebombardements fast als ‚normal' erscheint" (Fröhlich, Holtz-Bacha & Velte, 1995, S. 214). Noch immer wird die Frau in der Werbung nicht in ihrer realen Lebenswelt gezeigt und noch immer verkörpert sie ein Idealbild, das so in der Wirklichkeit nicht existiert. Diese Tatsache wird in Kapitel 3 anhand von ausgewählten Beispielen herausgearbeitet.

2.3 Der Begriff #Femvertising

Bei dem Begriff *Femvertising* handelt es sich um einen Internetneologismus, den das amerikanische Digital-Media-Unternehmen *SheKnows Media*[2] im Jahr 2014 ins Leben gerufen hat. Dabei geht es dem Unternehmen darum, mit seinen #FemvertisingAwards herausragende Werbung zu honorieren, die Geschlechternormen infrage stellt, „by building stereotype-busting, pro-female messages and images into ads that target women" (#Femvertising Awards, 2016). Im Jahr 2015 reichten nahezu 100 Marken ihre Werbung ein, für die insgesamt 9000 Mal abgestimmt wurde und aus denen sieben Gewinner hervorgingen. Der Abstimmungsprozess erfolgt in drei Runden: Nach Einsendeschluss werten RedakteurInnen und das Führungsteam von SheKnowsMedia die Einreichungen aus und bestimmen, welche der Werbungen in die zweite Runde gelangen. Dabei werden Werbungen aus weltweiter Online- und TV-Werbung berücksichtigt, sowie Onlinevideos und Social Media Kampagnen mit Videoelementen. In der zweiten Runde bewertet ein einflussreiches und vielfältiges Jurygremium die Einsendungen und orientiert sich dabei an den Award-Kategorie-Richtlinien:

- langjährige pro-weibliche Werbekampagnen, die weiterhin den Weg für andere Marken ebnen

- neue Durchbruchkampagnen, die Geschlechternormen infrage stellen und Frauen in ermächtigender und authentischer Art und Weise darstellen

- Werbung, die die Vorstellung davon ändert, was für die kommende Generation von Frauen möglich ist

- ursachenbezogene Kampagnen, die weder mit dem Produkt noch mit der Dienstleistung verknüpft sind, sondern sich darauf fokussieren, das Bewusstsein für Themen zu stärken, die hohen Einfluss auf Frauen und Mädchen haben

In der dritten Runde werden die Finalisten unter den Marken verkündet und die #FemvertisingAwards der Öffentlichkeit zur Gewinnerwahl zugänglich gemacht.

---

[2] SheKnows Media ist das Nummer Eins US- Lifestyle Digital-Media Unternehmen für Frauen, mit monatlich 79 Millionen Einzelbesuchern und 309 Millionen Social Media Fans und Followern. (Stand 2016)

Die Siegerkampagnen werden in der Advertising Week[3] des jeweiligen Jahres bekannt gegeben. (SheKnows Media, 2015)

---

3   Die Advertising Week ist ein Premiere Event für Marketing, Marken, Werbung und Technik Profis

3 Die dokumentarische Methodik der Bildanalyse nach Ralf Bohnsack

Die Wirklichkeit, in der wir leben, wird umfassend durch Bilder hergestellt. Bilder „repräsentieren nicht nur Vorstellungen über Wirklichkeit, mittels Bilder wird kommuniziert und Wirklichkeit konstruiert" (Niesyto & Marotzki, 2006, S. 3). Sie sind „handlungsleitend", sie ermöglichen uns, die Welt zu deuten (Bohnsack & Krüger, 2004, S. 3) und soziale Situationen in Form von *inneren Bildern* zu erlernen. Diese Situationen legen sich ausschlaggebend bildhaft in unserer Erinnerung ab und erlauben uns „unser Handeln an diesen sozialen Szenerien in adäquater Weise zu orientieren" (Bohnsack & Krüger, 2004, S.3) Sie stellen nicht nur für die massenmediale Produktion, sondern auch und vor allem in der „alltäglichen Verständigung und des Lernens, der Sozialisation und der Bildung" (Bohnsack & Krüger, 2004, S.3) einen wesentlichen Kommunikationsträger dar. Insbesondere für die empirische Methodik der Sozial- und Erziehungswissenschaften ist die wachsende Relevanz der Bildmedien eine Herausforderung. Verständigungsprozesse und die Sinnvermittlung wickeln sich innerhalb dieser Bildmedien ab, doch für ihre Deutung und Interpretation existieren nur wenige „empirisch-methodisch gesicherte Zugänge" (Bohnsack & Krüger, 2004, S.3).

Der Soziologe Ralf Bohnsack arbeitete eines der wichtigsten Modelle der Bildinterpretation heraus und bezog sich dabei auf die dokumentarische Methode, die bereits der Kunsthistoriker Erwin Panofsky auf Basis der Methoden des Wissenssoziologen Karl Mannheim entwickelt hatte. Die Methodik der Bildinterpretation nach Ralf Bohnsack lässt sich in die *formulierende Interpretation* und die *reflektierende Interpretation* aufgliedern. Die formulierende Interpretation fragt dabei nach dem *Was* und befasst sich mit der vorikonographischen, sowie der ikonographischen Ebene. Die reflektierende Interpretation fragt nach dem *Wie* und behandelt die formale Komposition des Bildes, darunter zählen planimetrische Komposition, perspektivische Projektion und szenische Choreographie. Des Weiteren wird der „‚ikonologisch-ikonische' Gehalt eines Bildes bildimmanent herausgearbeitet" (Niesyto & Marotzki, 2006, S. 10).

3.1 Die formulierende Interpretation

Wie bereits erwähnt, befasst sich die formulierende Interpretation mit der Frage nach dem *Was*. Die *vorikonographische Ebene* beschreibt, was auf dem Bild zu sehen ist, „ohne auf kulturelle oder soziale Wissensbestände zurückzugreifen" (Bohnsack, 2011, S. 99), generell handelt es sich um den Bereich der „sichtbaren Gegenstände, Phänomene und Bewegungsabläufe" (Bohnsack, 2011, S. 56). In der Bildbeschreibung werden die unterschiedlichen Ebenen berücksichtigt, wobei aller Regel nach Vorder-, Mittel- und Hintergrund des Bildes schrittweise beschrieben werden. Bei Personen im Bild werden Alter geschätzt, die Äußerlichkeiten, sowie Mimik und Gestik beschrieben. (Bohnsack, 2011, S.60) Die *ikonographische Ebene* identifiziert die Handlungen auf dem Bild. Die in der vorikonographischen Ebene beschriebenen Handlungen werden nun interpretiert und identifiziert. Bohnsack definiert sie als „Um-zu-Motive" und zieht dafür das Beispiel des Hutziehens von Panofsky heran: Die vorikonographische Ebene beinhaltet den reinen Bewegungsablauf, der beim Ziehen des Hutes ausgeübt wird. Auf der ikonographischen Ebene findet die Interpretation des Hutziehens statt und offenbart den eigentlichen Sinn der Bewegung, nämlich das Grüßen: „Der Bekannte zieht seinen Hut *um zu* grüßen" (Bohnsack, 2011, S. 56). Bohnsack (2011) verweist aber auf die Problematik dieser Art von Unterstellungen und Attribuierungen, da sie nur dann unproblematisch sind, wenn es sich um institutionalisierte, oder in der dokumentarischen Methode kommunikativ-generalisierte Bedeutungen handelt. Essenziell hierfür ist das Wissen um Institutionen innerhalb der Gesellschaft und Rollenbeziehungen. Wichtig ist vor allem die Unterscheidung um die „fall- oder auch milieuspezifische Besonderheit des Dargestellten und seiner konkreten Geschichte, das ‚konjunktive' Wissen" (Bohnsack, 2011, S. 56). Beispielsweise das Wissen um den Begriff „Familie": Zwar verfügen wir über das institutionalisierte Wissen um den Begriff, doch es gilt das fall- oder milieuspezifische Wissen, das darüber hinausgeht, zu „suspendieren" (Bohnsack, 2011, S. 57). Innerhalb der sprachlichen Vorbegrifflichkeiten sollen also nicht alle Namen „„ausgelöscht' werden [...], sondern lediglich die ‚Eigennamen'" (Bohnsack, 2007, S. 28). So zeigt beispielsweise das Familienfoto offensichtlich eine Familie, doch das Wissen darum, dass es sich um Familie *Meier* handelt, gilt es zu suspendieren. (Bohnsack, 2007, S. 28) In der ikonographischen Beschreibung darf also ausschließlich das kommunikativ-generalisierte Wissen miteinbezogen werden, das sich dann mittels Vermutungen äußern lässt. (Bohnsack, 2011, S. 57) Diese Ebene erlaubt es, spezifisches Wissen in einen bestimmten Kontext einzuordnen, so ließen sich beispielsweise Stilelemente, wie Kleidung oder Accessoires einer bestimmten Epoche zuordnen. (Bohnsack, 2011, S. 60).

3.2 Die reflektierende Interpretation

Die reflektierende Interpretation fragt nach dem *Wie* der Herstellung der Darstellung und führt die Ergebnisse der formulierenden Interpretation fort. Der Modus Operandi befasst sich demzufolge also mit der Ermittlung von konjunktivem Erfahrungswissen (Bohnsack, 2011, S.19) und mit der „Rekonstruktion der Formalstruktur, formalen Komposition" (Bohnsack, 2011, S.57). Die *formale Komposition* wird in drei Dimensionen unterteilt, die die Komposition des Bildes determinieren und den Eigensinn des Bildes erfassen: Die perspektivische Projektion, die planimetrische Komposition und die szenische Choreographie.

Die *planimetrische Komposition* stellt die erste der drei Ebenen dar und umfasst die „formale Konstruktion des Bildes in der Fläche" (Bohnsack, 2011, S. 57) Sie „schafft ihre eigenen bildinternen, systemimmanenten Gesetzlichkeiten, ihre eigene formale Ganzheitsstruktur im Sinne einer Totalität" (Bohnsack, 2011, S. 57). Gemäß Max Imdahl bildet die planimetrische Komposition das Grundgerüst der hier beschriebenen Interpretation und ist von essenzieller Bedeutung für das „sehende Sehen" (Imdahl, 1979, S. 190). Das Bild ist also in seiner Planimetrie „ein nach immanenten Gesetzlichkeiten konstruiertes und in seiner Eigengesetzlichkeit evidentes System" (Imdahl, 1979, S. 190). In dieser Dimension werden die Eigenschaften des Bildformats wie beispielsweise Farben oder Formen, aber auch die Einzigartigkeiten des Bildes im Allgemeinen dokumentiert und entsprechend Linien auf dem Bild angebracht, um einzelne Bestandteile zu verknüpfen und somit bedeutungsvolle Kompositionen innerhalb des Bildes ersichtlich zu machen: Es geht darum „mit möglichst wenig Linien [beispielsweise Ellipsen oder Kreise , Anm. d. Verf.] oder die Gesamtkomposition des Bildes in der Fläche zu markieren" (Bohnsack, 2011, S. 61).

Die *perspektivische Projektion* erlaubt es, Gegenstände und Menschen „in ihrer Räumlichkeit und Körperlichkeit identifizierbar zu machen" (Bohnsack, 2011, S. 57). Sie orientiert sich dabei an den Außen- und Umwelt-Gesetzlichkeiten des Bildes und bezieht insbesondere Größe, Form und Richtungsfeld des Bildes mit ein. Für Bohnsack gibt die Rekonstruktion der Perspektivität im Bereich der sozialwissenschaftlichen Bildinterpretation „im wahrsten Sinne des Wortes Einblicke in die *Perspektive* des abbildenden Bildproduzenten und in seine *Weltanschauung"* (Bohnsack, 2011, S. 57), der Interpret des Bildes nimmt also die Perspektive des

Bildproduzenten ein. Im Bereich der Bildinterpretation von Fotographien handelt es sich vorwiegend um die Zentralperspektive. Hier stellt sich die Frage, welche Personen und soziale Szenerien im Fokus des Bild „abbildenden Bildproduzenten" (Bohnsack, 2011, S. 57) stehen und im Fluchtpunkt des Kameraauges bzw. im Zentrum des Geschehens stehen. Formen der Zentralperspektive offenbaren sich unter anderem in der Frontalperpektive mit einem Fluchtpunkt, in der Schräg- oder Übereckstperspektive mit zwei Fluchtpunkten und in der Unter- und Aufsicht mit drei Fluchtpunkten. (Bohnsack, 2011, S. 57)

Die *szenische Choreographie* ermöglicht die Analyse hinsichtlich des Verhältnisses von Figuren und Bild. (Bohnsack, 2011, S. 57) Sie stellt die Relationen der auf dem Bild abgebildeten Personen zueinander heraus und analysiert dabei Gestik und Mimik. Auch die Positionierung der Akteure gibt Aufschluss über deren „spezifischen Modus sozialer Bezogenheit" (Bohnsack, 2013, S. 89). Bohnsack merkt jedoch an, dass die Beschreibung der szenischen Choreographie „hohe Anforderungen an eine Beschreibungssprache" (Bohnsack, 2011, S. 39) stellt und die „Grundbegrifflichkeit vorliegender sozialwissenschaftlicher Handlungstheorien [...] diesen Anforderungen kaum gewachsen [ist]" (Bohnsack, 2011, S. 39). Außerdem lässt sich die Rekonstruktion szenischer Choreographien weniger als die beiden anderen Dimensionen „geometrisch und mathematisierbar formalisieren". Sie tritt hinsichtlich ihrer Möglichkeiten der Formalisierung hinter [...] Perspektivität und Planimetrie weit [zurück]" (Bohnsack, 2011, S. 39).

Die dokumentarische Bildinterpretation ähnelt der Ikonik von Imdahl, da sie „die Rekonstruktion der formalen — allen voran der planimetrischen — Komposition zum Ausgangspunkt und Grundgerüst der reflektierenden Interpretation nimmt" (Bohnsack, 2011, S. 58). Imdahl wiederum unterscheidet seine *ikonische* Interpretation wesentlich von der *ikonologischen* Interpretation Panofskys. Da jedoch auch letztere Interpretation eine wesentliche sozialwissenschaftliche Rolle für die dokumentarische Bildinterpretation spielt, bezeichnet Bohnsack sie folglich auch als *ikonologisch-ikonische* Interpretation. (Bohnsack, 2011, S. 58)

3.3 Begründung der Methodik

Um dem Anspruch der Eigenlogik von Bildern genügen zu können, erfordert es entsprechende Methoden. Doch die qualitativen Methoden,

> die den empirischen Zugang zum Bild überhaupt erst ermöglichen, [sind] erst allmählich aus ihrer Marginalität herausgetreten [...] Vielmehr verhält es sich so, dass auch innerhalb der Methodologien der qualitativen Forschung selbst in weiten Bereichen die Textförmigkeit sozialer Wirklichkeit teils implizit, teils explizit unterstellt wird" (Bohnsack, 2003b, S. 240)

Das Bild, sprich die Ikoniziät und demzufolge auch die dokumentarische Methode der Bildinterpretation erfuhr bisher nur wenig Beachtung. Um nun also in der geisteswissenschaftlichen Forschung Aufschluss aus den Bildern und den Informationen dahinter zu erhalten, haben sich neben der dokumentarischen Methode der Bildintrepretation die Methodologien der objektiven Hermeneutik herausgebildet. Diese ist eine Methode der qualitativen Sozialforschung, deren Interpretationsverfahren auf dem Wissen der Forschenden beruht. Dass aber „historisch gebundene soziale Normen' und universale Strukturen der Sprache und des Erkennens in ihrer forschungspraktischen Relevanz hier undifferenziert nebeneinander gestellt werden und somit der – entscheidende – Unterschied zwischen ihnen systematisch verwischt wird, macht die besondere Problematik der objektiven Hermeneutik aus" (Bohnsack, 2003a, S.555) Die Ansprüche über die Verfügbarkeit des ‚Allgemeinen' können so ohne die Relevanz der Notwendigkeit einer Begründung „auf kulturell gebundene Wissensbestände ausgeweitet werden" (Bohnsack, 2003a, S. 556). Dagegen ist in der dokumentarischen Methode der Bildinterpretation das Wissen der Akteure selbst im Zentrum. (Bohnsack, 2003a, S. 555) Sie eröffnet zum einen „Wege hermeneutischer Interpretation, welche – im Sinne der Abduktion und auf der Basis einer mehrdimensionalen Hermeneutik – auf die Generierung generalisierten Regelwissens zielen" und zum anderen „[die] Möglichkeiten zur Beantwortung der Frage nach der Generalisierbarkeit empirischer Ergebnisse als einer zentralen Frage sozialwissenschaftlicher Methodologien" (Bohnsack, 2003a, S. 567) Sie schließt Bildmaterial von Gemälden, über Fotographien bis hin zur Werbung mit ein und stellt sich infolgedessen auf das Forschungsanliegen dieser Arbeit als geeignet heraus.

4 Erfolgsrezept #Femvertising

Feminismus ist im 21. Jahrhundert allgegenwärtig. Es scheint, als hätte er sich trotz all seiner Kontroversen mehr denn je zu einer anerkannten Bewegung etabliert, der besonders junge Frauen viel abgewinnen können. „Die jungen Feministinnen, die diesem neuen Aktivismus vorangehen, haben [...] enorme Energie, Ehrgeiz und Idealismus" (Cochrane, 2010). Die Marken haben diesen Umstand für sich entdeckt und machen ihn sich dementsprechend zunutze. Frauenbejahende Botschaften haben sich bis zu dem Punkt durchgesetzt, an dem Frauen sehr lange als „schwaches, anlehnungsbedürftiges Püppchen, lieb, aufopfernd, häuslich, hübsch anzusehen, ohne großen Verstand, dem Mann stets bereit und verfügbar" (Neuhaus, 1981, S. 67) waren und „erst durch einen starken, klugen Mann [...] Existenzberechtigung bzw. Wertigkeit in der Gesellschaft [erhielten]" (Neuhaus, 1981, S. 67): Die Werbung. Der jahrelang vorherrschende Sexismus in der Werbung wird immer weniger akzeptabel, die KonsumentInnen stellen unrealistische Werbeinhalte immer mehr infrage. Obwohl die Werbewirtschaft „die Wirkung des sexuellen Schlüsselreizes, besonders des weiblichen, ausgezeichnet zu nutzen versteht" (Neuhaus, 1981, S. 66), wird ihr immer klarer, dass *Anti*-Sexismus zum neuen Marketingapparat avanciert. Die Marken haben das verstanden und beauftragen ihre Werbefachmänner und -frauen, altbewährte Muster abzulegen und sich fortan dem sogenannten *Femvertising* zu widmen. Das feministische Bekenntnis der Marken in der Bewerbung ihrer Produkte ist erfolgsversprechend. Der Einfluss von Frauenbildern in den Medien ist nicht zu unterschätzen und KonsumentInnen werden für diesen Fakt immer mehr sensibilisiert. Die Bilder prägen Bewusstsein und Selbstbewusstsein und hinterlassen bei Frauen, Männern und auch Kindern, einen Eindruck, welche Daseinsberechtigung und welchen Verwendungszweck Frauen innehaben. So unterliegt allen voran die Werbung

> im Gegensatz zu anderen Medieninhalten in Film, Fernsehen und Zeitschriften kaum einer aktiven Vorauswahl durch den Konsumenten [...], sondern [dringt] allgegenwärtig und gleichförmig, in millionenfache Ausfertigung, jahrelang und von allen Seiten, bald aufdringlich, bald unterschwellig auf die Mitglieder einer Gesellschaft [ein]. (Schmerl, 1983b, S. 320).

Dass die Frau in der Werbung nun weniger „für Absatzzwecke ausgebeutet" und „ein altes Rollenklischee restauriert wird" (Neuhaus, 1981, S. 66) impliziert jedoch nicht zwangsläufig die moralische Besinnung der Marken und Werbetreibenden. Viel mehr unterliegt der Sinneswandel der Neuheit des vielversprechenden Marketingapparats. Denn bei genauerem Hinsehen lässt sich schnell erkennen, dass alte Strukturen sexistischer Werbung zwar in ihren frauendiskriminierenden Inhalten ersetzt wurden, nicht aber innerhalb ihrer Logik eine Berichtigung erfuhren: Sexistische Werbung setzte — mehr oder weniger verhüllte — Frauenkörper dort ein, wo die Logik kaum einer Rechtfertigung bedurfte, wie bei (Pflege-)Produkten für die Frau. Doch bezeichnenderweise wurden sie auch für „Autos, Stereoanlagen [und] Urlaubsreisen, über deren Anschaffung in den meisten Haushalten immer noch die Männer entschieden" (Neuhaus, 1981, S. 68) in Anspruch genommen. Diese Wirklichkeit ist Zeugnis für das zuverlässig funktionierende Modell des *sex sells*. Wenn man sich nun tiefergehend mit den Inhalten von feministischer Werbung bzw. *Femvertising* auseinandersetzt, so stellt sich schnell heraus, dass das altbewährte Werbemodell in so mancher Hinsicht lediglich einer geringfügigen Wandlung gewichen ist: Die Devise scheint nun *feminism sells* zu lauten. Doch wie berechtigt ist der Gebrauch von feministischen Botschaften für Marken, deren Produkte, abgesehen von ihrer Werbung, nicht im geringsten mit Frauen und deren Bestärkung zu tun haben? Die folgenden Kapitel werden sich folglich mit dieser Frage befassen und ein Bild davon zeichnen, wie glaubwürdig die frauenbestärkenden Initiativen der Marken wirklich sind. Für diesen Zweck gilt es, die Werbung der Marken *Dove*, *Axe* und *Special K* einer dokumentarischen Bildanalyse zu unterziehen und ihre jeweiligen Botschaften auf Authentizität zu überprüfen.

4.1 Beispiel Unilever

Unilever ist einer der bedeutendsten Markenartikelhersteller der Welt. Das britisch-niederländische Unternehmen führt 400 Marken in 14 Kategorien und ist somit weltweit mit seinen Produkten in sieben von zehn Haushalten vertreten. (Unilever, 2017b) Zu den Kategorien zählen unter anderem Lebensmittel, Reinigungsmittel sowie Hygiene- und Kosmetikartikel. In den folgenden Beispielen werden die beiden Unilever-Marken *Dove* und *Axe* einer genaueren Prüfung unterzogen.

4.1.1 Dove, das Vorzeigebeispiel

Mit seinen Dove-Kampagnen ist Unilever Vorreiter für pro-weibliche Werbung. Auf der markeneigenen Website richtet sich Dove mit folgenden Worten an seine weibliche Kundschaft:

> Wahre Schönheit hat jetzt ein Zuhause. Seit über 10 Jahren unterstützen wir Frauen dabei das volle Potenzial ihrer individuellen Schönheit zu entfalten und sich mit ihrem Aussehen wohlzufühlen. Und hier geht unsere Reise weiter:

> Seit jeher stellt Dove weltweit gängige Schönheitsideale in Frage und engagiert sich für einen Schönheitsbegriff abseits von Alter, Kleidergröße, Hautfarbe und anderen Äußerlichkeiten. Wir glauben, Schönheit wird nicht durch eine bestimmte Form, Größe oder Farbe definiert – schön ist, was dich ausmacht. Authentisch. Einzigartig. Echt. Und es ist uns sehr wichtig, dass auch unsere Website diese Werte vermittelt. Jedes Bild, das du hier siehst, zeigt echte Frauen wie du und ich. [...] Denn nur wer sich schön und wohl in seiner Haut fühlt, kann dies auch ausstrahlen. (Dove, 2017c)

In den 1950er Jahren kam Dove erstmals in den USA in Form einer Pflegeseife auf den Markt. Im Verlauf der folgenden Jahre wurden weitere Produkte für Haut und Haar eingeführt, bis die Marke schließlich im Jahr 2004 den großen Durchbruch in der Werbewelt erlebte. Die neue hautstraffende Pflegeserie zeigte mit ihrer Kampagne erstmals Frauen, wie sie im wahren Leben sind: „[K]eineswegs perfekt, aber trotzdem selbstbewusst, fröhlich — und schön" (Unilever, 2017c) und gab ihr den Titel „Keine Models aber straffe Kurven" (Unilever, 2017c). Die Kampagne wurde ins Leben gerufen, als die Marke Dove eine Studie in Auftrag gab, in der die Prioritäten und Interessen der Frauen untersucht wurden. *The real truth about beauty — a global report* wurde im September 2014 durchgeführt und offenbarte, dass lediglich zwei Prozent der Frauen weltweit sich mit dem Attribut „schön" assoziieren. Die überwältigende Mehrheit beschrieb ihr Aussehen mit den Worten natürlich (31 Prozent) oder durchschnittlich (29 Prozent). (Etcoff, Orbach, Scott & D´Agostino, 2004) Neben der geringen Bereitschaft der Frauen, sich selbst als „schön" zu beschreiben, sahen sich nicht sonderlich mehr als „attraktiv" (neun Prozent), „feminin" (acht Prozent), „gutaussehend" (sieben Prozent) oder „süß" (sieben Prozent) an. (Etcoff, Orbach, Scott & D´Agostino, 2004) Dove sah das Ergebnis der Studie als Anlass dafür, neben seinen Produkten eine Konversation über Schönheit zu initiieren und seine Kernbotschaft grundlegend zu ändern. Die Aufmerksamkeit der Marke fokussierte sich nun nicht mehr auf das zu bewerbende Produkt — von nun an galt es, das weibliche Geschlecht in all seinen Facetten zu zelebrieren. Dove führte drei weitere Studien durch und schnitt die folgenden Kampagnen auf die jeweiligen Ergebnisse der Studien zu. So ergaben sich über die vergangenen Jahre hinweg Werbekampagnen, die den Nerv der Zeit und allen voran den Nerv der Frau aufspürten: Dove greift Unsicherheiten auf, die durch wenig realistische Schönheitsideale des 21. Jahrhunderts hervorgerufen werden und positioniert sich gegen sie, statt sie weiter zu manifestieren.

Die Marke Dove hat ihre Philosophie für wahre Schönheit zu ihrem Markenzeichen gemacht. Pro-weibliche Kampagnen in jeglicher Ausrichtung wurden zum Erkennungsmerkmal. Im Jahr 2005 startete Dove seine „Initiative für wahre Schönheit". Eines der Projekte ist dabei die „Dove Aktion für mehr Selbstwertgefühl" und wurde in Kooperation mit Eltern weltweit und Experten für Körper- und Selbstwertgefühl entwickelt. Sie bietet „spielerische Übungen [...], um Mädchen dabei zu helfen, ihre Ängste in Bezug auf ihr Aussehen zu überwinden und glücklich und selbstbewusst zu sein" (Dove Projekt für mehr Selbstwertgefühl, 2014). Dabei konzentriert sich das Projekt auf fünf Themen, die sich laut der Kampagnenhomepage (2014) erwiesenermaßen auf das Körper- und Selbstwertgefühl von Mädchen auswirken: Die Rolle der Medien, Heranwachsen und Körpergefühl, Freunde und Beziehungen, Hänseln und Mobbing und die Stärkung des Selbstwertgefühls. Auf der Seite gibt Dove Ratschläge und Handlungsanweisungen für Eltern und Lehrer, um das „volle[] [und] fantastische[] Potenzial [der Mädchen] auszuschöpfen" (Dove Projekt für mehr Selbstwertgefühl, 2014). In den Folgejahren widmete sich Dove auch dem Älterwerden der Frau. Es kreierte im Jahr 2007 die Körperpflegeserie für anspruchsvolle Haut *Dove proage*. Die Kampagne setzt sichtbar alte Frauen mit grauen Haaren nackt in Szene und propagiert damit seine Philosophie *Schönheit kennt kein Alter*. Weitere Kampagnen, die der feministischen Werbe-Idee folgten waren *Ich sehe was, was du nicht siehst — und das ist schön* (2012), *Real Beauty Sketches* (2013) und *Sag ja zu deiner Schönheit* (2014)

Die Marke wirbt für wahre und vor allem innere Schönheit — preist im Endeffekt aber für diese Schönheit ihre Produkte an, die lediglich äußerlich anwendbar sind und somit auch nur die äußere Schönheit ihrer Käuferschaft gestalten oder verändern kann. Das folgende Beispiel zeigt die Widersprüchlichkeit zwischen der Markenbotschaft von Dove und seinen Produkten. Dove wirbt mit den Parolen seiner Kampagnen nahezu durchgängig für wahre, innere Schönheit und bemüht sich, Frauen so zu zeigen wie „sie wirklich sind: keineswegs perfekt, aber trotzdem selbstbewusst, fröhlich – und schön" (Unilever, 2017c). *Keineswegs perfekt* bedeutet in Bezug auf das gängige Schönheitsideal des 21. Jahrhunderts beispielsweise Kleidergrößen weit über dem unrealistischen Size 0, faltige Haut und schwaches Bindegewebe. Trotzdem bietet Dove in seinem Sortiment Pflegeserien an, die Namen tragen wie *Straffend +*. Gestrafft werden kann jedoch nur, was nicht glatt ist und so preist Dove seinen Käuferinnen offensichtlich eine Lösung an, um gegen unliebsame Falten und Dellen vorzugehen. Dabei werden in der Produktinformation Begriffe wie Cellulite vermieden, die Anwendung dient stattdessen „anspruchsvolle[n] Körperstellen [...], um der Haut mehr Elastizität zu verleihen" (Dove, 2017a)

Die Vermarktung eines Produkts, das die optischen Auswirkungen schwachen Bindegewebes minimieren und kaschieren soll, lässt sich nur schwer mit dem unperfekt-ist-schön Gedanken vereinbaren. Doch der Blick auf die Beschreibung der gesamten Dove *Staffend+* Pflegeserie gibt Aufschluss über die Argumentation der Marke und zeigt den Versuch auf, das markeneigene Leitbild, das zum Aushängeschild von Dove geworden ist, möglichst konsequent umzusetzen. Wie in dem hier aufgeführten Beispiel, liegt also die Notwendigkeit für hautstraffende Pflegeprodukte in der Gefühlslage der entsprechenden Käuferin: Das Hautbild kann für den eigene Gefühlszustand verantwortlich sein:

> Schöne, straffe Haut kann Einfluss darauf haben, wie wir uns fühlen. Zum Glück können wir nun das gute Gefühl von schöner Haut, wie nach einem Spa-Besuch, jeden Tag erleben: mit unserer DermaSpa Straffend+ Serie.
>
> Sie bietet dermatologische Pflege und versorgt unsere Haut mit intensiver Feuchtigkeit. Wie ein Spa-Besuch schenkt sie uns das Gefühl, ganz wir selbst zu sein und uns in unserer Haut wohl zu fühlen. (Dove, 2017b)

Was die Kundinnen äußerlich anwenden, soll sie innerlich beeinflussen und dadurch ihre innere Schönheit nach Außen kehren. Debora Boyda, die geschäftsführende Teilhaberin der zuständigen Werbeagentur Ogilvy & Mather, erklärt die Widersprüchlichkeit von Dove´s Markenphilosophie mit folgenden Worten: „Wir wollen den Frauen sagen, dass sie auf sich und ihre Schönheit achten sollen. [...] das ist ein großer Unterschied zu der Botschaft, dass sie wie jemand aussehen sollen, der sie nicht sind" (Kotler, Armstrong, Wong & Saunders, 2011, S. 114). Gewiss ist unbestreitbar, dass das Ziel von Dove — wie auch das anderer Pflegeprodukthersteller — letztendlich ist, seine Produkte zu vertreiben. Doch die Konsequenz in der Umsetzung ihrer Kampagnen und das Engagement unabhängig von dem Verkauf ihrer Produkte, macht die Marke durchaus zu einer authentischen Verfechterin des Feminismus. Denn Dove hat sich einem noblen und äußerst politisch-korrekten Motiv verschrieben, mit dem es seine Produkte bewirbt. Hinter der teilweise paradox anmutenden Image-Werbung verbirgt sich eine glaubwürdige Prägung. Dove setzt dort an, wo Kosmetikwerbung aufhört. Es prangert den vermeintlich idealen Frauentypus an und stellt die vorherrschenden weiblichen Schönheitsideale, wie Festlegung auf die Altersspanne von 15-35 Jahren, eine gleichmäßiges Gesicht (Haut, Gesichtszüge), Schlankheit, mittlere Körpergröße, und keine individuellen Kennzeichen infrage. (Schmerl, 1983a, S.41)

4.1.2 Die dokumentarische Bildanalyse am Beispiel von Dove

Die folgende Werbeanzeige für Dove *Firming*, die englischsprachige Version Pflegeserie *Straffend*, entstammt der Dove *Real Beauty* Kampagne. Weitere Anzeigen dieser Kampagne werden in der folgenden Interpretation nicht berücksichtigt.

Abb. 1: Dove Werbeanzeige.

Quelle: http://endormedia.co.za/the-real-beauty-of-brand-continuity-dove-does-it-right/ (Zugriff am 28.03.2017)

4.1.2.1 Formulierende Interpretation

Vorikonographische Ebene

Im Vordergrund des Bildes sind auf der linken Bildhälfte sechs in weißer Unterwäsche bekleidete Frauen im Alter von ca. 30-35 Jahren zu sehen. Sie stehen nebeneinander und berühren jeweils die Frauen rechts und links neben sich. Die beiden außenstehenden Frauen stemmen jeweils einen Arm in die Hüfte. Die Frauen werden im Folgenden von links nach rechts aus der Sicht des Betrachters im Einzelnen beschrieben: Die erste Frau von links zählt zu dem Hauttyp III[4], sie ist der sogenannte Mischtyp, hat eine mittlere Hautfarbe, schwarzes glattes Haar,

---

[4] Die Bestimmung der Hauttypen erfolgt nach der (heute gebräuchlichsten) Klassifikation des amerikanischen Dermatologen Thomas Fitzpatrick. Sie umfasst die Hauttypen I (sehr helle Haut) bis VI (dunkelbraune bis schwarze Haut).

das knapp bis über die Schultern reicht und blaue Augen. Sie steht seitlich positioniert da und winkelt das linke Bein nach vorne hin an, sodass sich ihre Ferse leicht vom Boden abhebt. Das rechte Bein wird nahezu vollständig von dem linken Bein verdeckt. Der linke Arm ist angewinkelt, die Hand liegt auf der Hüfte auf. Der rechte Arm ist auf der Schulter der Nebenfrau abgestützt. Die Frau trägt — im Gegensatz zu den übrigen Frauen, die jeweils BH und Unterhose tragen — ein weißes Unterhemd, das bis knapp über den Bauchnabel reicht und eine weiße Unterhose. Sie reckt das Kinn leicht nach oben, sie lächelt mit leicht geöffnetem Mund und blickt frontal in die Kamera. Die zweite Frau von links zählt zu dem Mediterranen Hauttyp, sie hat olivfarbene Haut, schwarzes glattes, kinnlanges Haar und braune Augen. Sie steht seitlich nach links positioniert mit leicht gebeugtem Oberkörper. Das rechte Bein ist so weit angewinkelt, dass nur die Zehen ihres Fußes den Boden berühren. Das linke Bein ist durchgestreckt, es wird teilweise von dem rechten Bein verdeckt, der Fuß steht fest auf dem Boden. Der linke Arm umfasst den Rücken der linken Nebenfrau, der rechte Arm ist angewinkelt, auch hier liegt die Hand auf der Hüfte auf. Die Frau trägt einen weißen BH und eine weiße Unterhose. Sie lächelt breit, lehnt ihren Kopf seitlich an die Brust ihrer linken Nebenfrau und blickt ebenfalls in die Kamera. Die dritte Frau von links zählt zu dem dunklen Hauttyp. Sie hat dunkle Haut, einen rostbraunen Afro und braune Augen. Sie steht seitlich nach rechts positioniert mit nach vorne gerecktem Oberkörper. Das linke Bein steht leicht angewinkelt vor dem rechten Bein. Der linke Arm umfasst den Oberschenkel der linken Nebenfrau, der rechte Arm liegt auf der Schulter der rechten Nebenfrau auf. Der Kopf der Frau ist nach links geneigt, sie hat den Mund weit geöffnet und blickt von oben herab in die Kamera. Sie trägt ein Bauchnabelpiercing. Die dritte Frau von rechts zählt zu dem Nordischen Typ. Sie hat helle Haut, blonde schulterlange Haare und blaue Augen. Sie steht seitlich nach links positioniert. Ihre beiden Beine sind angewinkelt, ihr linker Arm umfasst die linke Nebenfrau, ihr rechter Arm hängt gerade am Körper herunter. Der Kopf ist leicht in den Nacken geworfen, der Mund der Frau ist weit lachend geöffnet und sie blickt direkt in die Kamera. Die zweite Frau von rechts zählt zu dem Mediterranen Hauttyp, auch ihre Haut ist olivfarben, sie hat braunes gewelltes, kinnlanges Haar und braune Augen. Sie steht seitlich nach links geneigt, das rechte Bein steht leicht angewinkelt, der Fuß steht fest auf dem Boden. Das linke Bein wird bis auf die Fußspitze vollständig verdeckt. Der linke und rechte Arm greifen um die Schultern der jeweiligen Nebenfrauen. Der Bauch wird zum Teil von der linken Nebenfrau verdeckt. Die Frau blickt mit geschlossenem Mund und einem ansatzweisen Lächeln frontal in die Kamera.

Die erste Frau von rechts zählt ebenfalls zu dem Nordischen Typ. Sie hat blondes glattes, kurzes Haar und blaue Augen. Sie steht leicht nach links positioniert. Ihre beiden Beine stehen gerade auf dem Boden, das Gewicht ist mehr auf dem linken Bein verlagert. Der linke Arm umfasst die linke Nebenfrau, der rechte Arm ist angewinkelt, die Hand liegt auf der Hüfte auf. Ihr Kopf lehnt beinahe seitlich an der linken Nebenfrau, sie lächelt mit geschlossenem Mund und blickt direkt in die Kamera. Sie trägt ein kleines farbiges Tattoo auf der rechten Unterbauchseite.

Allgemein sei hinsichtlich der sechs Frauen angemerkt, dass sie allesamt wohlgeformte Körper haben. Die Körperproportionen sind *normal,* die Frauen haben größere und kleinere Brüste, einige haben trainiertere Bäuche, andere weniger flache. Die Frauen sind nicht korpulent, doch sie entsprechen auch nicht dem Size 0 bzw. 90-60-90 Ideal, das für gewöhnlich als Schönheitsideal weiblicher Models gilt. Sie sind nicht geschminkt und tragen die Haare offen. (Abb.1)

Die rechte untere Bildhälfte zeigt einen Packshot[5]. Es sind drei cremefarbene Flaschen abgebildet, auf denen jeweils der Aufdruck *Dove* in blauer Schrift steht und darunter die goldene Taube als Markenlogo. Darunter wiederum finden sich die Bezeichnungen der jeweiligen Flasche: *Firming Gel Creme, Firming Body Wash und Firming Lotion.* Links neben dem Packshot steht „Dove Firming Range" in blauem Schriftzug. Auf der oberen rechten Bildhälfte auf Brusthöhe der abgebildeten Frauen steht der Text „new Dove Firmimg. As tested on real curves" in dunkelblauem Schriftzug. Über dem „n" von „new" ist noch einmal die goldene Taube zu sehen. Der Bildhintergrund ist weiß. (Abb.1)

Ikonographische Ebene

Die Frauen auf dem Foto scheinen sichtlich Spaß zu haben. Sie lachen oder lächeln, lediglich die zweite Frau von rechts hat einen etwas ernsteren, doch selbstischer anmutenden Blick. Alle Frauen wirken entsprechend in ihrer Mimik und Körperhaltung gelöst bzw. befreit. Insgesamt scheinen sie sich sichtlich wohl in ihrer Haut zu fühlen, auch wenn sie offenbar nicht hundertprozentig den gesellschaftlichen Schönheitsidealen (des Westens) entsprechen. Dass es sich in dieser Anzeige wohl um normale Frauen und keine professionellen Models handelt, wird insofern aus dem Bild ersichtlich, als dass die Posen der Frauen nur wenig gestellt

---

[5] Ein Packshot (Werbesprache) ist eine stehende oder bewegte Nahaufnahme von einem (in der Regel verpackten) Produkt, das in der Werbung porträtiert wird

wirken. Zwar strahlen die Frauen in ihrer Körperhaltung Selbstbewusstsein aus, doch die beispielsweise leicht gebeugte Haltung und das kecke Grinsen der zweiten Frau von links und der unbeholfen herunterhängende Arm der dritten Frau von rechts muten teilweise schüchtern und für einen „Modeljob" unerfahren an. Durch den Packshot und die Headline im Bild wird deutlich, dass es sich um ein Pflegeprodukt für die Haut handelt. (Abb.1)

4.1.2.2 Reflektierende Interpretation

Abb. 2: Dove Werbeanzeige (bearbeitet).

Quelle: http://endormedia.co.za/the-real-beauty-of-brand-continuity-dove-does-it-right/ (Zugriff am 28.03.2017)

Planimetrische Komposition

Bei der planimetrischen Komposition geht es darum, „mit möglichst wenigen Linien die Gesamtkomposition des Bildes in der Fläche zu markieren" (Bohnsack, 2011). Am überzeugendsten erscheint dies hier durch drei Kreise, die jeweils zwei der Frauen umfassen. So würde jeweils die linken beiden, die mittleren beiden und die rechten beiden Frauen separat umkreist. Zieht man eine durchgehende waagrechte Linie jeweils oberhalb und unterhalb des Headline-Schriftzugs, so stellt sich heraus, dass dieser direkt auf Brusthöhe der Frauen abgebildet wird. Die drei Dove Produkte werden im Größenverhältnis innerhalb der Abbildung ungefähr so groß wie die Unterschenkel der Frauen dargestellt. Auffällig in der Anzeige sind zudem die unterschiedlichen Hautfarben der Frauen, die vor allem vor dem weißen Hintergrund sehr gut zur Geltung kommen. Die sechs Hauttöne variieren von sehr heller bis zu dunkler Haut. Die Unterwäsche ist hingegen bei allen Frauen gleichfarbig weiß. (Abb.2)

Perspektivische Projektion

Die Körperlichkeit bzw. Räumlichkeit der Anzeige in Hinsicht auf ihre Perspektivität wird mittels der Körper der Frauen deutlich. Die diagonal Positionierung der Frauen durch die Schrägstellung ihrer Hüften lässt in dem Bild Perspektive entstehen. Es handelt sich also um keine Ansichtsperspektive, sondern um eine Raumkörperperspektive, die aber keinen Fluchtpunkt hat. Der abbildende Bildproduzent ist frontaler Betrachter der Frauen.

Szenische Choreographie

Die sechs Frauen scheinen sich untereinander gut zu verstehen, da sie in ihrer Körpersprache und -haltung miteinander interagieren und Körperkontakt haben. Es fällt auf, dass immer zwei Frauen besonders miteinander interagieren: Indem die zweite Frau von links sich an die Brust der ersten Frau von links anlehnt und die dritte von Frau von links sich nach rechts lehnt, entsteht eine Lücke, die die erste Frauengruppe von den anderen beiden Frauengruppen trennt. Die dritte Frau von links und die dritte Frau von rechts bilden die zweite Frauengruppe, indem ihre Mimik herzliches Lachen darstellt und sie damit von der Mimik der übrigen Frauen abhebt. Die rechten beiden Frauen fallen ebenfalls durch ihren einstimmigen Gesichtsausdruck auf: Sie haben beide den Mund geschlossen und haben von den sechs Frauen die seriöseste Mimik. (Abb.2)

Ikonologisch-ikonische Interpretation

In dieser Ebene werden folglich die Erkenntnisse der formulierenden Interpretation mit der formalen Komposition in Verbindung gebracht. Generell betrachtet lässt sich wohl sagen, dass die unterschiedlichen Hautfarben der abgebildeten Frauen die Vielfalt der Konsumentinnen widerspiegeln soll. Wörtlich übersetzt soll die Anzeige also Frauen aller Ethnien ansprechen, aber auch darüber hinaus die Frauen in ihrer ganzen Diversität zelebrieren. Dazu zählen neben dem Hautton auch weitere körperliche Merkmale, wie Körpergröße und -form, sowie die charakterliche Individualität jeder einzelnen Frau. Der Fakt, dass die sechs Frauen in der Planimetrie mithilfe von Kreisen in drei Zweiergruppen differenziert werden können, kann mit den drei verschiedenen Produkten im abgebildeten Packshot in Zusammenhang stehen. (Abb.2) So, wie die drei Gruppen der Frauenkonstellation je nach Gemütszustand unterschiedliche Bedürfnisse verkörpern, so geht auch jedes der drei Dove Produkte auf unterschiedliche Bedürfnisse seiner Konsumentinnen ein. Erwähnenswert ist auch die Position der Anzeigen-Headline. Wie bereits in der planimetrischen Komposition erwähnt, schließen die parallelen Linien ober- und unterhalb der Headline den Brustbereich der sechs Frauen ein. (Abb.2) Achtet man auf den Inhalt der Headline, so wird schnell klar, dass die Positionierung auf dem Brustbereich einen symbolischen Zweck erfüllt. „As tested on real curves" (Abb.2): Kaum andere Kurven sind „echter", als die weibliche Brust. In Hinsicht auf die simple, weiße Unterwäsche der Frauen liegt der Gedanke nahe, dass sie lediglich ihre Funktion erfüllen soll und nicht etwa die Reize der Frauen hervorheben will. Der Körper der Frauen wird dadurch — trotz der Tatsache, dass er nur spärlich bekleidet ist, — nicht sexualisiert. Die Farbe weiß vermittelt den Eindruck von Reinheit und Leichtigkeit. Die sechs Frauen sind sich allgemein ihrer natürlichen Schönheit und „Echtheit" bewusst, wie ihre gute Laune und ihr siegessicherer Blick in die Kamera vermuten lässt. Sie wirken stolz auf ihre Körper und ihre Kurven, scheinen sich schön zu fühlen, auch wenn sie keine Models sind.

4.1.3 Axe, das schwarze Schaf?

Die Marke Axe stellt seit Juni 1983 Pflege- und Kosmetikprodukte für junge Männer her und hat sich mit dem weitbekannten *Axe-Effekt* einen Namen gemacht. Der Effekt verspricht Männern, die Axe Produkten nutzen, große Beliebtheit bei Frauen. Die Vermarktung dieses Versprechens zog jedoch eine Vielzahl besonders ausgeprägter sexistischer Werbungen nach sich und stellte Frauen in erniedrigender Art und Weise dar. Seit Juni 2016 besinnt sich Unilever jedoch in seiner Strategie von Axe grundlegend (Unilever, 2017a). Statt Provokation, nackter Haut und frauenfeindlicher Inhalte, fokussiert sich die Marke nun auf die Individualität der Menschen und zelebriert die Magie, die in der Einzigartigkeit jedes einzelnen steckt. Der Axe-Effekt weicht einem neuen Grundsatz, von nun an gilt *Find your Magic.* In einer Werbeanzeige der Marke heißt es:

> Wir wissen alle, dass attraktiv nicht der Mann mit dem härtesten Sixpack ist, sondern derjenige, der selbstbewusst zu dem steht, was ihn einzigartig und interessant macht. [..] Unter dem Motto „Find Your Magic" bestärkt [Axe] junge Männer darin, an sich zu glauben und ihr „Ding" zu finden. (Business Punk, 2016)

Die Anzeige bezieht sich auf das neue Kampagnenvideo, das Axe im Hinblick auf seine Neupositionierung kreiert hat. Das einminütige Video beginnt mit einer Anspielung auf die Zeiten, in denen das Kaufversprechen der Marke noch in der bedingungslosen Verführung der Frau lag. Die Kamera zoomt an Plakate, die Männer dem gängigen Schönheitsideal entsprechend, zeigen: durchtrainierte, haarlose Körper, angespannte Muskeln. Die männliche Off-Stimme fragt den Betrachter „Come on, a six pack?" und rechtfertigt den zynischen Unterton in der Fragestellung mit darauffolgenden Konstatierungen, warum ein six pack kein Gebot ist, um attraktiv zu sein. Der Spot soll junge Männer inspirieren, ihre eigene Individualität zu zelebrieren und veraltete Stereotypen männlicher Attraktivität abzustoßen. (Unilever, 2016a) So zeigt er der Reihe nach junge Männer, die allesamt durch ein markantes Merkmal auffallen und hangelt sich von einer besonderen Eigenschaft zur nächsten: „Who needs a six pack, when you got the nose? Or a nose, when you got the suit? Now you don´t need the suit, when you´ve got the moves" (Commercial Song, 2016). Der Spot zieht sich fort und benennt die jeweiligen Eigenheiten der jungen Männer, wie eine markante Nase, einen ausgefallenen Kleidungsstil oder ein besonderes Talent zum Tanzen, bis er zu dem Schlusssatz gelangt „That's right, who needs some other thing, when you got *your* [Hervh. v. Verf.] thing? Now, work on it." (Commercial Song, 2016). Die Aufforderung „work on it", in der deutschen Version mit „Mach´ was draus" übersetzt, erfolgt zeitgleich mit der Einblendung der neuen Axe Produkte und impliziert damit, dass Axe mit seiner neuen Pflegeserie die jungen Männer auf ihrem Weg begleitet, ihr eigenes *Ding* und das Original ihrer selbst zu finden.

Im Gegenteil zu dem ursprünglichen Leitbild der Marke, das den Axe-Käufern erst dann das besondere Etwas versprach, wenn sie die angepriesenen Produkte nutzten, steht nun die Selbstakzeptanz der Käufer im Vordergrund. Die Produkte sollen diesen Findungsprozess lediglich unterstreichen und fördern, statt ihn zu ersetzen. Axe wirbt nun für Selbstvertrauen und macht jungen Männern Mut: „Der attraktivste Mann, der du sein kannst, bist du selbst. Also finde heraus, was dich zu dir macht." (Axe, 2016) Werbeclips aus früheren Jahren, in denen Axe seinen Erfolg noch dem altbewährten *sex sells* verdankte, sind heute weder auf der markeneigenen Homepage, noch auf den entsprechenden Social Media Kanälen zu finden. Axe befindet sich in einem grundlegenden Imagewandel und beweist damit, dass Unilever als Mutterunternehmen seine Philosophie konsequent verfolgt und den Respekt, den es dem weiblichen Geschlecht in der Markenphilosophie von Axe´s Konzernschwester Dove entgegenbringt, nun auch bei Axe umsetzt. Frauen werden in der neuen Kampagne und der neu definierten Philosophie nicht mehr als lüsterne Sexobjekte dargestellt, Männer nicht mehr als die entsprechenden Objekte der Begierde. *Individuell* ist stattdessen das neue attraktiv und somit löst Axe sich von alten, genderfeindlichen Mustern. Trotzdem wird es sich weiterhin der Anziehung zweier Menschen verschreiben, porträtiert dabei aber die „moderne, relevante [und] unverfälschte" (Unilever, 2016b) Welt der Anziehung. Die Kampagne fand großen Anklang und vor allem auf den Social Media Kanälen der Marke lesen sich begeisterte Kommentare zu dem Imagewechsel von Axe. Punkt 4.1.5. beschäftigt sich mit dem Grund für die radikale Neupositionierung von Axe und dem gesellschaftlichen Pflichtgefühl von Unilever.

4.1.4 Die dokumentarische Bildanalyse am Beispiel von Axe

Die folgende Werbeanzeige entstammt der Axe Kampagne (2016) *Find Your Magic*. Weitere Anzeigen dieser Kampagne werden in der folgenden Interpretation nicht berücksichtigt.

Abb. 3: Axe Werbeanzeige.

Quelle:
http://theinspirationroom.com/daily/print/2016/1/axe_dont_change_your_profile.jpg
(Zugriff am 28.03.2017)

4.1.4.1 Formulierende Interpretation

Vorikonographische Ebene

Im Vordergrund des Bildes ist auf der rechten Bildhälfte ein Packshot mit fünf Produkten zu sehen. Es handelt sich um zwei weiße und drei schwarze Produktflaschen mit goldfarbenem Etikett. Die Schrift darauf ist nicht lesbar. Darunter befindet sich das Logo der Marke *Axe*, das zugleich auch der Markenname ist, mit dem neuen Markenslogan *Find Your Magic*. Links neben dem Packshot, der mit einem goldenen „Farbanstrich" hinterlegt ist, befindet sich die Headline mit den Worten „Don't change your profile". Die Headline besteht aus Großbuchstaben, die Schriftfarbe ist weiß, bis auf das Wort „Your", das das gleiche gold aus dem goldenen „Farbanstrich" hat. Der Bildhintergrund zeigt das eigentliche Motiv der

Werbeanzeige. Es sind Seitenprofile von den Gesichtern zwei junger Menschen, die ca. zwischen 20-25 Jahre alt sind. Der junge Mann ist auf der linken Bildhälfte, sein Profil reicht lediglich vom Haaransatz bis knapp unter die Unterlippe. Er hat dunkle Locken, die ihm in die Stirn fallen und den Ansatz eines Bartes. Das Profil des Mädchens auf der rechten Bildhälfte ist vom oberen Augenlid bis knapp unter das Kinn sichtbar. Die Haare des Mädchens nehmen nahezu die gesamte rechte Bildhälfte ein, ihr Profil ist auch aufgrund des Schatteneinfalls darauf nicht so präsent, wie das des jungen Mannes. Das Mädchen hat die Lippen geschürzt in Richtung der Nase des jungen Mannes, während sich die beiden in die Augen sehen. Der junge Mann lächelt. Die Nase des jungen Mannes ist — insbesondere im Vergleich zu der Nase des Mädchens — verhältnismäßig groß und weist eine leichte Krümmung auf. Der gesamte Bildhintergrund ist schwarz-weiß gehalten. (Abb. 3)

Ikonographische Ebene

Die geschürzten Lippen des Mädchens in Richtung der Nasenspitze des jungen Mannes, deuten auf einen Kuss hin. (Abb.3) Da es sich um zwei junge Menschen ungefähr gleichen Alters handelt, liegt die Vermutung nahe, dass es sich hierbei um ein verliebtes Pärchen handelt. Sie möchte ihm einen Kuss auf die Nase geben, während er sie scheinbar verträumt anlächelt. Die Headline fordert den Betrachter dazu auf, „nicht sein Profil zu verändern" (Abb.3). Der Packshot der Axe-Produkte lässt sich auf den ersten Blick nicht mit dem Bild vereinbaren, suggeriert jedoch mit dem Slogan darunter, dass die Marke ihrer Zielgruppe mithilfe ihrer Produkte dabei behilflich sein will, ihre eigene Magie zu finden.

4.1.4.2 Reflektierende Interpretation

Abb. 4: Axe Werbeanzeige (bearbeitet).

Quelle:
http://theinspirationroom.com/daily/print/2016/1/axe_dont_change_your_profile.jpg
(Zugriff am 28.03.2017)

Planimetrische Komposition

Auffällig an der Planimetrie der Werbeanzeige ist die Linie, die von der oberen Kante der Nase des jungen Mannes auf das Wort „Profile" deutet. (Abb.4) Zwei weitere Auffälligkeiten finden sich in den beiden parallelen Linien, die zum einen von dem rechten Auge des jungen Mannes zum linken Auge der jungen Frau führen, und zum anderen von der unteren Nasenkante des jungen Mannes zum Kussmund der jungen Frau (Abb.4) . „Liest" man das Bild von links nach rechts, so sind diese beiden Linien aufwärtsstrebend. Eine weitere Linie führt durch die Mitte der Headline. Sie verläuft jeweils zwischen den Wörtern „Don´t" und „Change" und „Your" und „Profile" und bildet den sogenannten Goldenen Schnitt[6] des Bildes. Erwähnenswert ist zudem die Farbkomposition der Anzeige. Bis auf die Produkte selbst und den „Goldanstrich, der den Hintergrund für die Produktpalette bildet, ist das gesamte Bild in schwarz-weiß gehalten. (Abb.4)

Perspektivische Projektion

Die beiden jungen Menschen sind im Seitenprofil ihrer Gesichter abgebildet. (Abb.4) Diese Seitenansicht hat zur Folge, dass es sich bei dem Bild um eine Frontansicht handelt, die weder Körperlichkeit noch Räumlichkeit entstehen lässt. Die Darstellung des Bildes ist somit nicht perspektivisch.

Szenische Choreographie

Die jungen Menschen sind verliebt und haben im wahrsten Sinne des Wortes nur „Augen für sich selbst". Der junge Mann blickt schwärmerisch lächelnd zur jungen Frau hinauf, die seinen Blick und die Verliebtheit erwidert, indem sie zum Kuss ansetzt. (Abb.4)

---

[6]   In einer simplen mathematischen Gleichung gefasst, wird der Goldene Schnitt folgendermaßen errechnet: a : b = b : (a + b). Dies bedeutet vereinfacht ausgedrückt, dass sich der kleinere Anteil (Minor) zum Größeren (Major) so verhält, wie der Größere zum Ganzen. Die einfachste Näherung erfolgt dabei über Bruch 5/8, welcher ca. ein Prozent mit dem exakten Wert übereinstimmt. Der Goldene Schnitt kann auch geometrisch ermittelt werden. (http://www.goldener-schnitt.org)

Ikonologisch-ikonische Interpretation

In Hinblick auf die markante Nase des jungen Mannes und den darauf angedeuteten Kuss des Mädchens, erschließt sich der Sinn der Werbebotschaft. Axe ermutigt in diesem speziellen Fall mithilfe eines Wortspiels den jungen Mann dazu und allgemein seine Konsumenten dazu, sich nicht verändern zu lassen. (Abb.4) Das Profil des jungen Mannes — sprich seine auffällige Nase — ist das, was ihn laut Markenslogan einzigartig und „magisch" werden lässt. Er soll auf die Merkmale, die seine Individualitätsformen stolz sein, statt sie verbergen oder umgestalten zu wollen. Auch wenn seine Nase nicht schönheitsidealtypisch gerade ist, zeichnet sie ihn aus. Der junge Mann kann schon im Vorhinein attraktiv und begehrenswert sein, doch der Fakt, dass er sich in seiner Einzigartigkeit akzeptiert, scheint ihn in seiner Verlockung zu steigern — der jungen Frau gefällt er, wie er ist, was der angedeutete Kuss auf seine Nase bezeugt. Beachtenswert ist in der Anzeige ferner, dass der jungen Mann, obgleich er zu seiner „Angebeteten" hinaufschaut, trotz — oder gerade wegen — seines Profils Selbstsicherheit auszustrahlen scheint. Er ist zudem Kern und Fokus der Anzeige: Denn auch wenn die junge Frau die gesamte rechte Bildhälfte einnimmt, so ist ihre Präsenz in dem Bild nicht vergleichbar mit der des jungen Mannes. Ihre Haare nehmen einen Großteils des Raums ein und auch der Schatten in ihrem Gesicht lässt das Mädchen in seiner Wichtigkeit zurücktreten. Die Haare fungieren als unaufgeregter Hintergrund für den Packshot der Marke. (Abb.4) Die Farben weiß bzw. schwarz der Produkte, sowie deren simple Gestaltung, lassen die Marke in der Anzeige seriös und erwachsen wirken. Die entsprechende Inszenierung auf goldenem Grund verleiht den Produkten zudem eine Veredelung und Kostbarkeit. Dass das „Your" in der Headline in dem selben Gold auftritt, lässt darauf schließen, dass Axe seinen Konsumenten das gleiche Gefühl von Kostbarkeit vermitteln will.

4.1.5 #UNSTEREOTYPE – Die Aufrichtigkeit von Axe und Unilever´s Werbewandel

Unilever hat sich als Muttergesellschaft von Axe der Verantwortung gestellt, die es als zweitgrößter Werber (Sweney, 2016) weltweit innehat. Die Zeiten haben sich gewandelt, feministische Forderungen und das Verständnis von überholten Genderstereotypen sind so ausgeprägt wie nie zuvor und Unilever muss seinen Teil dazu beitragen, diese Bewegung auch in der Vermarktung seiner Produkte widerzuspiegeln. Laut Aline Santos, der geschäftsführenden Vizepräsidentin für Globales Marketing von Unilever, hat sich die hauseigene Werbung im Gegensatz zur Genderidentität nicht ausreichend gewandelt: „We've listened to consumers and looked at the way we portray gender in our advertising and realised we need to do things differently" (Unilever, 2017a). Unliever führte eine globale Werbestudie durch, die zeigte, dass 40 Prozent der befragten Frauen sich nicht mit den Frauen identifizieren, wie sie in der Werbung dargestellt werden. Lediglich drei Prozent der Frauen werden in der Werbung als Autoritätspersonen dargestellt, dafür unverhältnismäßig viele in Haushaltssituationen. (Sweney, 2016) Bezogen auf die Äußerlichkeiten der Frauen, ist es laut der National Association Nervosa and Associated Disorders (ANAD) Fakt, dass höchstens fünf Prozent der US-Amerikanerinnen dem angestrebten Schlankheitsdeal aus den Medien entsprechen (Smink, van Hoeken & Hoek, 2012). Das Ergebnis einer Marktforschung für Axe wiederum offenbarte, dass lediglich fünf bis 15 Prozent der jungen Männer, die die Zielgruppe der Marke darstellen, sich als attraktiv empfinden. (Esch, 2015) Der Hauptverantwortliche für das Marketing von Unilever, Keith Weed bezieht sich auf die Macht des Unternehmens, die Wahrnehmung der Menschen zu formen. Es sei an der Zeit, diese Macht positiv zu gebrauchen und die Darstellung der Geschlechter in der Werbung anzufechten. Unilever ist „am Anfang einer Reise und [es] ist leidenschaftlich dabei, allgegenwärtige Stereotypen infragezustellen" (Rodionova, 2016) Eine Studie aus dem Jahr 2004 kam zu dem Ergebnis, dass Frauen weniger von körperbetonten Ängsten geplagt werden, wenn sie mit attraktiven Models in Durchschnittsgröße konfrontiert werden, als wenn sie gar keinen Models ausgesetzt werden. Diese geringere Angst ist wohl dem Erleichterungseffekt zuzuschreiben, der sich bei den Frauen einsetzt, wenn die gezeigten Models lediglich dem Durchschnitt entsprechen. (Dittmar & Howard, 2004)

Werbung kann folglich einen großen Beitrag dazu leisten, das Körperbild von Frauen in einer frauenfreundlichen Art und Weise zu beeinflussen. Die außerordentliche Reichweite und die Einflussnahme, die Unilever mit der Werbung seiner zahlreichen Marken generiert, hat das Unternehmen dazu bewogen, mehr Verantwortung für die entsprechenden Vermarktungsstrategien zu übernehmen, um zu einer „positiven kulturellen Veränderung" (Unilever, 2017a) beizutragen. Der Strategiewandel trägt den Hashtag #UNSTEREOTYPE und wurde etabliert, um Rollenklischees von Männern wie Frauen in der Werbung zu vermeiden. Allen voran soll aber das Bild der Frau zurechtgerückt werden.

> [...] we have the most work to do in our portrayal of women, and we have developed three areas in which we want to make a positive change: roles, personality and appearance. Our research shows that making these three shifts can have a large impact

> on the effectiveness of our advertising as well as on society's perception of women. (Unilever, 2017a)

Unilever initiiert folglich eine Bewegung, die Frauen positiv verändert in der Werbung darstellen soll und orientiert sich dabei an den drei Schlüsselbereichen *Rolle*, *Persönlichkeit* und *Aussehen*. Die Bestrebungen und Leistungen von Frauen sollten in ihrer *Rolle* über den Produktbezug hinaus repräsentiert werden. Die *Persönlichkeit* der Frauen soll authentischer und dreidimensionaler dargestellt werden. Das *Aussehen* der Frauen soll angenehm und unkritisch gezeigt werden und ein positives und kreatives Interesse entstehen lassen, die Person sein zu können, die man sein will. (Unilever, 2016b)

Das Unternehmen hat nun seine Marken aufgefordert, sich von den „nutzlosen stereotypischen Geschlechterdarstellungen" (Unilever, 2017a) zu distanzieren und neue „frische Kampagnen" (Unilever, 2017a) zu kreieren. Doch bei allem gesellschaftlichen Verantwortungsbewusstsein spielt eine ebenso wesentliche wirtschaftliche Motivation mit in den Werbewandel: „More progressive advertising generates stronger engagement, talkability and delivers better branded impact. [...] it's an important journey that we must go on if we want to ensure we are truly maximizing the potential of our creative outputs for today's audiences" (Unileverb, 2016). Je zeitgemäßer die Werbung, desto erfolgreicher also der Markenauftritt. Dass Unilever seinen Repositionierungsgedanken konsequent umsetzt und weiterhin umsetzen will, zeigt auch ein Blick auf die größte seiner Marken. Denn neben solchen Marken, die sich aufgrund ihrer Produkte mit Körperkult und dem äußeren Erscheinungsbild ihrer Käufer auseinandersetzen, sieht das Unternehmen ebenso Änderungsbedarf in seiner Vermarktungsstrategie von Marken wie beispielsweise Knorr. Wo früher noch traditionelle Stereotypen wie die perfekte Familie mit der kochenden Mutter in der Werbewelt von Knorr vorherrschten, weichen diese nun der Darstellung einer bunt gemischten KonsumentInnengruppe, wie „geschiedene Väter, Studentengruppen und Millenials" (Unilever, 2017d).

4.1.6 Unilever´s Feminismusphilosophie innerhalb des Unternehmens

Unilever hat sich mit seinen Marken feministisch neu positioniert und setzt seine pro-weibliche Ideologie auch innerhalb seiner Unternehmensphilosophie um. Laut der unternehmenseigenen Webseite bemüht sich Unilever um gerechte Geschlechterverhältnisse.

> Wie wichtig die Stärkung der Frauen ist, wird auch in der „2030 Sustainable Development Agenda" der Vereinten Nation sowie den Zielen für nachhaltige Entwicklung,

den Global Goals, deutlich. Unilever spielte bei der Entwicklung der Global Goals seitens der Wirtschaftsunternehmen eine entscheidende Rolle. Wir haben uns speziell dafür eingesetzt, ein Ziel hinsichtlich der Stärkung der Frauen aufzunehmen [...]: Gleichstellung der Geschlechter und Stärkung aller Frauen und Mädchen. (Unilever, 2017e)

So stieg beispielsweise der Prozentsatz von Frauen in Managementpositionen bei Unilever von 38 Prozent im Jahr 2010 auf 45 Prozent im Jahr 2015 an. Unilever möchte die Zahl von Frauen in Spitzenpositionen noch weiter steigern und fördert Chancengleichheit durch die Bereitstellung erstklassigen Trainings, die Unterstützung von Frauen durch Mentoring und Networking, flexible Arbeitszeiten und die strukturierte Unterstützung zukünftiger und neuer Eltern. The Times zählte Unilever in zwei aufeinanderfolgenden Jahren unter die Top 50 Arbeitgeber für Frauen (The Times, 2016) und auch der FTSE 100 (Financial Times Stock Exchange) listete das Unternehmen zu den Top Ten für weibliche Einbeziehung in Vorstandspositionen (Martin, 2015). Das US-Magazin *Working Mother*, das sich an Karriereinteressierte Mütter wendet, zählt Unilever zu den Top 100 der „Best Companies" und veröffentlichte eine Liste mit Fakten der unternehmensinternen Strukturen von dort angestellten Frauen auf seiner Homepage. Die Liste offenbart unter anderem, dass Unilever von insgesamt 10.321 Angestellten in den USA 43 Prozent Frauen beschäftigt, von denen 47 Prozent Manager oder Führungskräfte sind. 45 Prozent der Neuanstellungen sind ebenfalls Frauen. (Working Mother, 2016)

WEBSITE: Unilever

Years on the 100 Best list	4
Total number of U.S. employees	10,321
Percentage of employees who are women	43%
Percentage of managers and executives who are women	47%
Percentage of new hires who are woman	45%

Abb. 5: Working Mother Best Companies, Unilever.

Quelle: http://www.workingmother.com/best-companies-unilever (Zugriff am 28.03.2017)

4.2 Beispiel Special K

Als Negativbeispiel für Werbung, die sich das Erfolgsrezept *Femvertising* zu unrecht zunutze macht, dient im Folgenden die Tochtermarke von *Kellogg's*, dem weltweit größten Unternehmen für Getreideprodukte. Das Unternehmen hat sich auf Frühstücksflocken spezialisiert und wurde im Jahr 1906 gegründet (Kellogg's, 2017a). Seitdem hat es sich durch seine erfolgreiche Marketingmaschinerie einen Namen gemacht und vertreibt seine Produkte weltweit. (Kellogg's, 2017a) Eine der Tochtermarken von Kellog's ist die Müsli-Diät-Marke *Special K*. Sie wurde zunächst mit der Absicht gegründet, den jeweiligen Zeitgeist hinsichtlich Gesundheit und Wohlbefinden zu reflektieren. In den 1970er Jahren wurde es beispielsweise in Neuseeland als Müsli mit hohem Proteingehalt vermarktet, doch nur zehn Jahre später abgewandelt, um die wachsende Fitnessbegeisterung zu reflektieren und sich ihr anzupassen. Dabei begann Kellogg's hauptsächlich auf Frauen zu zielen. (Olds, 2016) Nun war die Marke bislang für ihre Kampagnen bekannt, Frauen dazu zu ermutigen, mithilfe von Special K Produkten ihr Gewicht zu reduzieren, um so endlich in das „rote Kleid zu passen", oder nicht mehr aussichtslos „überschüssiges Körpergewicht einzuschnüren". (Krashinsky Robertson, 2015) Special K vermittelte Frauen die Botschaft, ihnen zu ihrem Idealkörper verhelfen, damit sie sich in ihrer Haut wohlfühlen könnten. Die Botschaft befasste sich konstant mit Diäten, Kalorienzählen und Gewichtsabnahme — die Motive für das angepriesene Ergebnis waren Bilder von Maßbändern, Waagen und viele schlanke Frauen. (Olds, 2016) Doch seit Herbst 2015 hat sich die Marke umbesonnen. Der alte Slogan „You can't pinch an inch" und die Anpreisung des famosen roten Kleides — wovon auf Anfrage von Konsumentinnen extra Kopien zum Verkauf angefertigt wurden (Telegraph, 2010) — wich einer scheinbar neuen Philosophie. Zunächst jedoch zur Darstellung der ursprünglichen Philosophie anhand des Beispiel „Drop a Jean Size".

4.2.1 Drop a Jean Size

Im Jahr 2006 initiierte Special K eine Kampagne, die seine Kundschaft dazu aufrief, die eigene Jeansgröße innerhalb von zwei Wochen zu verringern. (Special K, 2012) Die *Challenge* bezog sich auf die Jeansgröße, da sie laut der Marke der Barometer von Frauen sei, ihr Gewichtsmanagement zu überprüfen (Kellogg's, 2017b) Special K bot also den Konsumentinnen an, deren Jeans „etwas eng um die Hüften" (Kellogg's, 2017b) war, ihnen mit einem Angebot auszuhelfen: Für zwei Wochen sollten die Frauen jeden Tag jeweils zwei Mahlzeiten mit Special K Produkten ersetzen und eine dritte ausgewogene Mahlzeit ihrer Wahl zu sich nehmen. Damit würden sie innerhalb nur zwei Wochen eine Kleidergröße verlieren und einen Geldgutschein im Wert von £10 für den Kauf einer neuen Jeans erhalten. Dafür müssten sie lediglich fünf Wertmarken und eine vollständige offizielle Bestellung für Special K Produkte per E-Mail einsenden. Nach erfolgreicher Diät sollten die Frauen natürlich weiterhin auf ihre Ernährung achten und diese vorzugsweise mit Special K zum Frühstück fortsetzen (Special K, 2012). Der Werbespot zu der Kampagne zeigt die Fenster eines Wohnhaus, in dem Frauen in verschiedenen Wohnungen und auf verschiedenen Stockwerken alle der gleichen Beschäftigung nachgehen: Sie zwängen sich mit jeglichen Hilfsmitteln in ihre Jeans und bleiben jedoch erfolglos. Bis Special K ihnen mit seine *Drop a Jean Size Challenge* zur Not eilt. „2 meals, 2 bowls, 2 weeks", um eine Jeansgröße zu verlieren. (Cheetham Bell, 2012)

4.2.2 #ownit

Im Herbst 2015 hat sich Kellogg's mit seinem Diät-Müsli neupositioniert und sich zunächst in Australien und Kanada mit Special K auf *Femvertising*-Gebiete begeben. Die Kampagne nennt sich „Own It" und will Frauen ermutigen, auf das stolz zu sein, was sie haben. Laut der Kellogg's-eigenen kanadischen Homepage „zelebriert sie die Frauen, indem sie sie darin bestärkt, die allzu häufigen Selbstzweifel bezüglich des eigenen Körperbilds abzuwerfen". Das Ziel der Kampagne ist es, eine realistischen und positive Veränderung der körpereigenen Wahrnehmung hervorzurufen und fußt auf der Einsicht, dass „97 Prozent der kanadischen Frauen jeden Tag einen ‚Ich hasse meinen Körper Moment' haben" (Kellogg's, 2016b). Mit der Kampagne bewerkstelligt Special K einen signifikanten Wandel — von dem ursprünglichen Gewichtsverlustanreiz zu einem neuen Ansatz, der „echte Frauen" repräsentieren will. Special K gibt an, mit seiner Kampagne zu einem wichtigen Gespräch hinzuführen, das sich mit der Kraft des Körpervertrauens, aber auch mit der inneren Kraft auseinandersetzt. (Kellogg's, 2016b). Es möchte Frauen auf einen Pfad leiten, Selbstzweifel zu bekämpfen und dabei einen Beitrag mit gutem Essen leisten, das den Körper innerlich wie äußerlich nährt. (Kellogg's, 2016b) Der weitere Grund für den Wechsel der Markenphilosophie von Special K ist die Notwendigkeit der Marke, für die Konsumentinnen relevant zu bleiben. Die Einstellung der Frauen gegenüber Gesundheit und Fitness haben sich geändert und das Unternehmen muss mit seiner Zielgruppe mithalten. Das Special K Marken-Team will nun durch eine realistischere und auch aufgeregtere Kampagne für mehr Wachstum sorgen — denn laut internationalen Berichten fielen die Special

K Verkaufszahlen zuletzt. (Olds, 2016) Laut Kellogg's haben sich die frühen Ergebnisse der neuen Kampagne bisher als positiv erwiesen, der Umsatz stieg um sechs Prozent an. (Kellogg's, 2016b). Die Kampagne besteht aus Werbeanzeigen, von denen eine zur Bildanalyse in der vorliegenden Arbeit dient und einem Video. Zum besseren Gesamtverständnis folgt eine Kurzbeschreibung des kanadischen Kampagnenclips. Das Video zeigt zu Beginn verzweifelt in den Spiegel blickende Frauen, die ihre Problemzonen kneifen, ihren Bauch einziehen, ihre Falten straffen oder ihre BHs stopfen. Die weibliche Off-Stimme berichtet an dieser Stelle von dem täglichen „I hate my body"-Moment, der 97 Prozent der Frauen täglich plagt. Sie sagt, dass folglich nahezu alle Frauen eine Stelle an ihrem Körper haben, mit der sie nicht zufrieden sind und dass aber 100 Prozent der Frauen diese Einstellung ändern können. Die Spiegel zerbersten während die Stimme proklamiert „We can change our perspective. What if we tell that little voice inside that tells us we aren't good enough, to shut up? Let's focus on stuff we can actually change, instead of stuff we can't?" (Special K Canada, 2015). Die „What if"-Fragen setzen sich fort und die Stimme fragt, was passieren würde, wenn Frauen netter zu sich selbst wären und ihre Körper mit guten Dingen versorgen würden: „Let's be perfectly imperfect. Let's take a good long look in the mirror at the good - and not so good an proudly: own it all" (Special K Canada, 2015). Die letzten Einstellungen des Clips zeigen, wie die Frauen Special K Produkte verzehren, sich sportlich betätigen und sich mit ihren vermeintlichen Makeln stolz und selbstsicher im Spiegel betrachten. Die Schlusseinstellung zeigt das Markenlogo und den Kampagnenhashtag #ownit in roter Schrift auf weißem Grund. (Special K Canada, 2015)

4.2.3 Die dokumentarische Bildanalyse am Beispiel von Special K

Die folgende Werbeanzeige entstammt der Special K Kampagne (2016) *#ownit*. Weitere Anzeigen dieser Kampagne werden in der folgenden Interpretation nicht berücksichtigt.

Abb. 6: Special K Werbeanzeige.

Quelle: http://www.size8isgreat.com/wp-content/uploads/2016/05/CSRNvU0UwAA4NmK.jpg (Zugriff am 28.03.2017)

4.2.3.1 Formulierende Interpretation

Vorikonographische Ebene

Der Bildvordergrund zeigt auf der linken Bildhälfte eine Frau im Alter von ca. 40-45 Jahren, die seitlich nach rechts gewandt auf einem Stuhl sitzt. Sie trägt ein kurzes geblümtes, hochgeschlossenes Kleid, das ihr bis knapp über die Mitte ihrer Oberschenkel reicht und dunkle spitze Stilettos. Die seitliche Sitzposition der Frau gibt den Blick auf ihre bloßen Beine frei. Mit der vom Blickwinkel des Betrachters aus linken Hand stützt sie sich auf der Sitzfläche des Stuhls ab, der rechte Arm liegt angewinkelt auf der Rückenlehne, während ihre Hand in die Haare greift. Die Frau lächelt mit offenem Mund und blickt direkt in die Kamera. Auf der rechten Bildhälfte prangt ein roter Schriftzug Großbuchstaben: „My belly is from my kids. My legs are from my trainer." Darunter zieht sich eine rote Linie, die auf der linken Bildhälfte beginnt, hinter der Frau weiter verläuft und mit dem roten Schriftzug abschließt. Die rote Linie verläuft waagrecht in der Mitte des Bildes. Unter der Linie auf der rechten Bildhälfte steht das Markenlogo von Special K, wobei das „Special" klein und in Druckbuchstaben über dem schreibschriftförmigen „K" steht. (Abb. 5)

Ikonographische Ebene

Die Beine der Frau sind durchtrainiert, wie man an der Wadenmuskulatur des vorderen Beines erkennen kann. Auch der Text in der Headline, in der offensichtlich die Frau selbst spricht, deutet mit dem Teilsatz „My legs are from my trainer"

(Abb.6) darauf hin, dass die Frau sich sportlich betätigt. Ihre hohen Schuhen tragen aufgrund der dünnen Absätze und der spitz zulaufenden Spitze zur optischen Verlängerung der Beine bei. Allgemein lässt sich sagen dass die Frau einen normalen Körperbau hat. Trotzdem lässt sich vermutlich behaupten, dass ihr Körper nicht dem Körperbild entspricht, wie man ihn von Size 0 Models aus der Werbung gewohnt ist. Unter dem Kleid zeichnet sich vermutlich ein Bauchansatz ab, der der Frau nach mehreren Schwangerschaften geblieben ist. Dieser Umstand und der Fakt, dass die Frau mehrere Schwangerschaften hatte bzw. Kinder hat, lässt sich ebenfalls der Headline entnehmen: „My belly is from my kids". (Abb.6)

4.2.3.2 Reflektierende Interpretation

Abb. 7: Special K Werbeanzeige (bearbeitet).

Quelle: http://www.size8isgreat.com/wp-content/uploads/2016/05/CSRNvU0UwAA4NmK.jpg (Zugriff am 28.03.2017)

Planimetrische Komposition

Die seitliche Platzierung der Beine bzw. Oberschenkel lassen diese verstärkt in den Vordergrund rücken. Auch der letzte Satz der Headline trägt zu einer optischen Betonung der Beine bei, da das Wort „From" bereits auf dem Oberschenkel der Frau beginnt. Die Linie von der Wadenlinie des vorderen Beins über die Innenseite des linken Unterarms der Frau bildet den Goldenen Schnitt des Bilds. Zwei weitere Linie durchziehen das Bild von der Schienbeinseite des hinteren Beins durch die Armbeuge des linken Arms hin zu den Augen der Frau und zum anderen von der linken unteren Bildecke im gleichen Winkel verlaufend zu den Augen der Frau. Die beiden Linien kreuzen sich im Gesicht der Frau. Eine andere

Linie wiederum ist die, die von der Schuhspitze des hinteren Beins aus in Richtung des roten „K" zeigt. (Abb. 6)

Perspektivische Projektion

Es handelt sich bei dem Bild um eine Zentralperspektive mit einem Fluchtpunkt. Die Verlängerung der Achsen, die jeweils zwei Stuhlbeine auf einer Seite miteinander verbinden, bilden in ihrer Kreuzung den Fluchtpunkt des Bildes. (Abb.7) Die Tiefenwirkung des dargestellten Stuhls verhilft dem Körper der Frau als Raumkörper wahrgenommen zu werden, statt als reine Frontansicht.

Szenische Choreographie

Da die Frau alleine auf der Anzeige zu sehen ist, gibt es keine weiteren Akteure, mit denen sie im Bild interagieren könnte. Sie blickt lediglich das Kameraauge an, das zugleich den Betrachter bzw. den abbildenden Bildproduzenten darstellt.

Ikonologisch-ikonische Interpretation

Urteilt man nach der Sitzposition und Kleiderwahl der Frau, so könnte man annehmen, dass sich seitlich zum Betrachter hin positioniert hat und ein möglichst kurzes Kleid trägt, um die Aufmerksamkeit auf ihre Beine zu lenken. Die Darstellung des Frauenkörpers im Volumen geschieht wie bereits erwähnt aufgrund der Tiefenwirkung des Stuhls. Diese Darstellung ist insofern von Bedeutung, als dass sie dem Körper der Frau dazu verhilft, als Raumkörper wahrgenommen zu werden. Dies ruft einen zusätzlichen Effekt in der Betonung des Frauenkörpers hervor. Die Anzeige fokussiert sich klar auf die Weiblichkeit der Frau. Sie hat etwas zutiefst feminines bewältigt, indem sie Kinder auf die Welt gebracht hat. Die Spuren, die die Schwangerschaften an ihrem Körper hinterlassen haben, sind für die Frau jedoch ein Grund, um stolz zu sein. Die Frau gibt Acht auf ihren Körper, sie bemüht sich, sich gesund, kraftvoll und schön zu halten, indem sie trainiert. Die vielfältige Betonung ihrer Beine mittels der genannten Linien, des Schriftzugs und der hohen Schuhe, dient als Beweis für diesen Fakt. Die beiden Linien, die sich im Gesicht der Frau treffen, lenken die Aufmerksamkeit zudem auf ihren Blick: Ihr selbstbewusstes Lächeln in Richtung des Betrachters wirkt zugleich stolz und zufrieden. Die Richtung der hinteren Schuhspitze zeigt auf das „K" der Marke und impliziert damit offenbar, dass die Frau auch mithilfe von Special K ihre Träume von einem gesunden Lebenswandel verwirklichen kann. Die Frau steht somit stellvertretend für die „wahren" Frauen der Werbewelt, die zu sich und ihren vermeintlich unperfekten Körpern stehen und aber trotzdem die Initiative ergreifen, um sich schön und wohl in ihrer Haut zu fühlen.

4.2.4 Die Glaubwürdigkeit von #ownit – zwei Perspektiven

An dieser Stelle gilt es nun, nach der Glaubwürdigkeit der neuen Special K Kampagne zu fragen. Wie kann die Botschaft einer Diätmarke, die jahrelang für das Abnehmen geworben hat nun indirekt lauten „Akzeptiere deinen Körper wie er ist"? Wie können KundInnen der Marke sich weiterhin damit identifizieren, wenn sie erkennen, dass sich der ehemalige Leitgedanke der Marke — überspitzt formuliert — über Nacht ins Gegenteil kehrt? Um die Infragestellung der Glaubwürdigkeit zu erörtern, bietet es sich an, die Thematik von zwei Perspektiven zu beleuchten.

Auf den ersten Blick scheint es nun, als wäre auch Kellogg's mit seinem Special K auf bestem Weg die Frauen mit seiner „Own It" Kampagne zu bestärken und sich als feministisch engagiert zu bekennen. Doch der Botschaft mangelt es an Glaubwürdigkeit. In ihrem Versuch, sich von den anfänglichen Diätbotschaften zu lösen, widerspricht sich die Marke. Das Diät-Mantra hat sie scheinbar abgelegt, von nun an gilt es, die Frau in all ihren Facetten und mit all ihren „Pölsterchen" und sonstigen wohlgenährten Erscheinungen zu bestärken. Frauen sollen sich nun nicht mehr von vermeintlich unperfekten Stellen an ihrem Körper verunsichern lassen — sie sollen sie so hinnehmen, wie sie sind und stolz darauf sein. An sich ist die Botschaft der Marke verheißungsvoll und vermittelt den KonsumentInnen, dass jede Frau schön ist und sich akzeptieren darf, wie sie ist. Tatsächlich ist es doch aber so, dass das bereits zahlreich bewiesene geringe Selbstbewusstsein der Frauen hinsichtlich ihrer äußeren Erscheinung einen Ursprung haben muss. Nicht umsonst fühlen sie sich zu dick, zu faltig, nicht hübsch und ganz allgemein nicht attraktiv genug. Die Werbung hat die negative Selbstwahrnehmung der Frauen maßgeblich mit beeinflusst und vor allem Marken wie Special K sind daran nicht unbeteiligt. Eine Marke, die ihren Konsumentinnen jahrelange bescheinigt, sie müssten an Gewicht verlieren, um sich in ihrem Körper wohlzufühlen, kann nicht plötzlich eben dieses mutmaßlich überschüssige Gewicht gutheißen und die Frauen umerziehen wollen, es plötzlich zu akzeptieren, statt sich davon entledigen. Special K mag angeben, seine Denkart überdacht zu haben und mit der Zeit gegangen zu sein, um sich dem sich wandelnden Frauenbild anzupassen. Doch um diesen Sinneswandel wirklich für glaubwürdig zu erklären, braucht es mehr als einen neuen Kampagnenhashtag. Bis dato maßt die Neupositionierung geradezu ironisch an — war es doch mitunter diese Marke, die eine Mitschuld an der Unsicherheit der Frauen trägt. Bevor Unternehmen wie Kellogg's ihre Marken auf den offenkundig lukrativen Feminismus-Marktplatz entsenden, täten sie gut daran, zunächst klarzustellen, dass sie in der Vergangenheit dazu beigetragen haben, Frauen nun heute in der Gegenwart bestärken zu müssen. Ein Schuldeingeständnis würde die Aufrichtigkeit der Marke in ihrem Bestreben sich frauenbestärkend zu engagieren, wohl leichter hinnehmbar machen.

Auf einen zweiten Blick mutet die Neupositionierung von Special K allerdings durchaus originell an. Special K spielt in seiner #ownit Kampagne mit dem Widerspruch und gibt dies offen zu: „be perfectly imperfect" (Special K Canada, 2015). Die Frauen sind perfekt in ihrer *Unperfektheit*, was aber nicht bedeutet, dass sie nicht trotzdem etwas für ihr körperliches und seelisches Wohlbefinden tun können. So zeigen sowohl das Video, als auch die Anzeigen der Kampagne, Frauen, die sportlich aktiv sind. Vor allem die Anzeigenwerbung impliziert, dass sich die Frau trotz der Spuren, die die Schwangerschaften an ihrem Körper bzw. Bauch hinterlassen haben, durch eine gesunde Lebensweise fit hält und dementsprechend stolz auf diesen sein kann. Insofern fordert Special K die Frauen dazu auf, sich in ihrer Weiblichkeit mit allen mutmaßlichen Schönheitsfehlern zu zelebrieren, trotzdem aber etwas dafür zu tun, um sich attraktiv zu fühlen. Dabei spielt die Marke auf sportliche Aktivität und gesunde Ernährung an — wozu sie offenbar ihren Beitrag leistet. Die Aufforderung von Special K an die Frauen, sich nicht durch *Unperfektheiten* entmutigen zu lassen, sondern diese anzunehmen und darüber hinaus lediglich gesund zu leben, stellt ein durchaus realisierbares Versprechen dar, das die Konsumentinnen gerne annehmen, wie die Umsatzsteigerung der Special K Produkte beweist. (Kellogg's, 2016b) Der Übergang von dem ehemaligen Diät-Leitgedanken der Marke hin zu ihrer neuen feministischen Philosophie stellt eine immanente Paradoxie dar: Special K offenbart durch die Parole „perfectly imperfect" den markeneigenen Widerspruch und gibt damit aber ganz offen zu, dass es in seiner Unglaubwürdigkeit glaubwürdig sein will.

4.2.5 Kellogg's Feminismusphilosophie innerhalb des Unternehmens

Auch, wenn die Markenbotschaft von Special K widersprüchlich anmutet und bei KonsumentInnen einen potentiell zwiespältigen Nachgeschmack hinterlässt, so dringt der feministische Leitgedanke der neupositionierten Werbestrategie nichtsdestoweniger in die Spitzenpositionen des Unternehmens durch. „At Kellogg, we're all leaders. That's why we support development opportunities for people at all levels, no matter where they are in their career journey" (Kellogg's, 2016a). Die National Association for Female Executives (NAFE) zählte Kellogg's sechs Jahre infolge zu den Top Unternehmen für weibliche Führungskräfte und auch im Jahr 2017 wird das Unternehmen seinen Platz in der Liste einnehmen. (Spence, 2016) Einen Überblick über interne Unternehmensstrukturen, die Frauen am Arbeitsplatz betreffen, stellt *Working Mother* auch für Kellogg's. Die folgende Liste zeigt den Stand der Firma im Jahr 2017. (Working Mother, 2017)

WEBSITE: Kellogg

Years on the NAFE Top Companies for Executive Women list	6
Total number of U.S. employees	20,633
Percentage of total employees who are women	34%
Percentage of senior managers who are women	30%
Percentage of corporate executives who are women	33%

Abbildung 1: Working Mother Best Companies, Kellogg.

Quelle: http://www.workingmother.com/best-companies-kellogg (Zugriff am 28.03.2017)

So steht das Unternehmen, wie erwähnt, ein sechstes Mal in Folge auf der Liste der NAFE Top Companies for Executive Women und beschäftigt von insgesamt 20.633 Angestellten 34 Prozent Frauen, von denen 30 Prozent leitende Manager und 30 Prozent in der Geschäftsleitung sind. (Working Mother, 2017) Die Liste offenbart auch hier noch weitere Fakten, die auf der Homepage von *Working Mother* eingesehen werden können.

4.3 Ehrliches #Femvertising am Beispiel von „Dear Daddy"

Wie in dieser Arbeit untersucht, unterscheiden sich die feministischen Bewerbungen und Bestrebungen der Marken in verschiedenster Hinsicht. Die Frage nach der Glaubwürdigkeit und dem Sinn von *Femvertising* in Hinsicht auf die jeweiligen Unternehmen sollte stets als kritischer Maßstab für die vermeintlich feministische Motivation ebendieser herangezogen werden. Doch auch wenn sich wie im Fall von Unilever der feministische Leitgedanke in der gesamten Unternehmensphilosophie widerspiegelt und das Unternehmen ambitioniert ist, diesen zukünftig konsequent in seinen Marken durchzusetzen, so bleibt das Hauptziel dieser Unternehmen nichtsdestotrotz der Verkauf ihrer Produkte. Deshalb stellt sich an dieser Stelle die Frage: Gibt es Werbung, die den Feminismus an sich bewirbt? Gibt es *feminist advertising*, also *Femvertising* in seiner pursten Form? Ein Blick auf eine Kampagne der privaten Hilfsorganisation CARE gibt Aufschluss. Hierfür bietet sich jedoch zunächst ein kurzer Vorspann für die Ursache dieser Kampagne an:

Die Weltgesundheitsorganisation (WHO) veröffentlichte im Jahr 2013 eine internationale Studie, aus der hervorging, dass weltweit mehr als jede dritte Frau (ca. 35 Prozent) körperlicher Gewalt ausgesetzt ist. Dabei sind es weit mehr Ehemänner als Fremde, die ihnen Schaden zufügen — die Gewalt innerhalb von Beziehungen, bzw. durch einen vertrauten Partner, ist mit 30 Prozent die am häufigsten auftretende Form von Gewalt. (WHO, 2013) Die Generaldirektorin der WHO, Dr. Margaret Chan, erklärte, dass „Gewalt gegen Frauen ein globales Gesundheitsproblem von epidemischem Ausmaß ist", und „dass die Gesundheitssysteme der Welt mehr für Frauen, die Gewalt erleben, tun können und müssen" (WHO, 2013). Gewalt gegen Frauen kann verschiedene Formen annehmen, wie „physische, sexuelle, psychologische und emotionale" Gewalt (UNRIC, 2017). Gewalt gegen Frauen

> schädigt generationsübergreifend Familien und Gemeinschaften und fördert die Verbreitung anderer Gewaltformen in der Gesellschaft. Infolge der Gewaltakte verarmen Frauen, ihre Familien, Gemeinschaften und sogar ganze Nationen. Gewalt gegen Frauen beschränkt sich nicht auf spezielle Kulturen, Regionen, Länder oder einige Gruppen von Frauen. Die Ursachen der Gewaltakte liegen in der anhaltenden Diskriminierung von Frauen. (UNRIC, 2017)

CARE veröffentlichte zwei Jahre später, im Rahmen ihrer jährlichen Aktionstage „16 Tage gegen Gewalt an Frauen" ein Video mit dem Titel #DearDaddy. Das englischsprachige Video wurde auf YouTube inzwischen über 12 Millionen Mal angeklickt (CARE Norway, 2015) und handelt von einer Tochter, die bereits ungeboren im Mutterleib ihrem Vater einen Brief vorträgt und sich darin bedankt, wie liebevoll er sich um sie sorgt, obwohl sie noch nicht einmal auf der Welt ist. Sie weiß, er gibt sich schon mehr Mühe als Superman, doch sie muss ihn um einen Gefallen bitten. Sie leitet den Gefallen mit einer Warnung ein: Jungs. Dann beschreibt sie ihm in einer Zukunftsprognose, wie sie bereits im Alter von 14 Jahren von den Jungen in ihrer Klasse als Hure, Schlampe, Fotze und weiteren Dingen bezeichnet werden wird. Sie weiß, es ist nur Spaß, denn Jungs sind nun mal so. Doch viele dieser Jungs werden den Unterschied zwischen Spaß und Realität nicht begreifen und ihr so im Alter von 16 Jahren in die Hose fassen und es noch immer lustig finden, obwohl sie „nein" sagt und vor lauter Alkoholrausch nicht einmal mehr gerade stehen kann. Sie sagt, ihr Vater sollte sie sehen können, sie schämt sich, fühlt sich verdorben. Mit 21 wird sie vergewaltigt worden sein von dem Sohn eines Freundes, über dessen beleidigende Witze ihr Vater immer gelacht hatte. Schließlich waren es ja nur Witze und schließlich waren sie lustig. Doch hätte ihr Vater gewusst, dass der Sohn eben dieses Mannes eine Tages zu ihrem Vergewaltiger werden würde, so hätte er ihm wohl gesagt, er solle sich zusammennehmen. Doch es waren schließlich nur komische Witze und nicht seine Angelegenheit, wie hätte er das wissen können? Wie hätte er wissen können, dass dieser Sohn, der mit dieser Art von Witzen aufgewachsen war, irgendwann einmal Angelegenheit seiner Tochter werden würde? Im nächsten Block beschreibt die Tochter, wie sie eines Tages tatsächlich ihren Mr. Perfect finden wird. Er ähnelt ihrem Vater, unternimmt tolle Dinge mit ihr, ist klug und hat einen tollen Beruf. Ihr Vater wird sehr glücklich für sie sein, schließlich verehrt sie dieser Mann. Doch eines Tages wird er nicht mehr Mr. Perfect sein. Die Tochter wird sich Vorwürfe machen, sie wird sich fragen, warum und ob sie überreagiert hat. Sie weiß aber, sie ist nicht der Opfertyp, sie wurde als starke, unabhängige Frau erzogen. Eines Tages wird dieser Mann allerdings mit seinem Alltag überfordert sein und er wird sie als Schlampe bezeichnen, so wie ihr eigener Vater ein Mädchen in der Oberstufe früher einmal als Schlampe bezeichnet hat. Und dann eines anderen Tages wird er sie schlagen. Sie weiß aber, dass sie vorher etwas ausgeschert und zickig gewesen war. Doch sie sind immer noch das tollste Paar der Welt, sie ist nur verwirrt, denn sie liebt ihn, aber sie hasst ihn auch und sie versteht nicht, ob sie etwas falsch gemacht hat. Und dann eines Tages, wird er sie beinahe umbringen. Es wird alles schwarz werden, obwohl sie gut erzogen worden ist, einen Abschluss an der Universität hat, einen tollen Job und von Freunden und Familie geliebt. Und niemand wird es kommen gesehen haben. Darum bittet die Tochter ihren Vater noch einmal mit den Worten „Dear Daddy" darum, alles in seiner Macht stehende zu tun, die Dinge zu stoppen, bevor sie überhaupt ihren Anfang nehmen. Denn sie weiß, dass eine Sache zur anderen führt. Sie bittet ihn darum, ihren Brüdern nicht zu erlauben, andere Mädchen Schlampe zu nennen, denn das sind sie nicht. Irgendwann wird es nämlich einen Jungen geben, der glauben wird, dass dies wahr ist. Sie bittet ihn, nicht die schmutzigen Witze der anderen Männer im Schwimmbad zu akzeptieren, denn hinter jedem Witz steckt auch ein bisschen Wahrheit. Die Tochter weiß, dass ihr Vater sie vor allem Übel der Welt schützen wird, ohne dabei eine Sekunde an sein eigenes Leben zu denken. Doch sie wird als Mädchen geboren werden und deshalb bittet sie ihn, alles in seiner Kraft stehende zu tun, damit dies nicht die größte Gefahr von allen bleibt. (CARE Norway, 2015)

CARE setzt sich international „gegen Gewalt an Mädchen und Frauen" (CARE, 2015) ein und hat mit #DearDaddy ein Video konzipiert, das in seinen feministischen Bestrebungen nicht reiner sein könnte. In dem fünfminütigen Kurzfilm wirbt die Hilfsorganisation weder für ein Produkt, noch für eine Dienstleistung. Der Vorsatz des Videos ist ausschließlich der Weckruf dafür, dass „für Millionen von Frauen überall auf der Welt [...] Gewalt, Diskrimierung und die Beschneidung ihrer grundlegenden Freiheiten trauriger Alltag [sind]" (CARE, 2015). Der Kampf gegen diese Praktiken ist die für die Hilfsorganisation eine Frage der Menschenrechte und „darüber hinaus auch der einzig sinnvolle Weg, um extreme Armut zu beseitigen und eine bessere, sichere Welt für beide Geschlechter zu schaffen" (CARE, 2015). Feminismus allein ist in #DearDaddy Gegenstand der Werbung und der Anspruch darin ist es, die Idee davon zu bewerben. Das Video ist ein Manifest für den Kampf um Gleichberechtigung, den Kampf um Frauenrechte und den Kampf um die Frau an sich. Hinter ihm steht kein ausgeklügelter Marketingtrick, der KonsumentInnen von seiner Marke überzeugen will. Das einzige wovon es überzeugen will, ist der Respekt, mit dem Männer Frauen auf der ganzen Welt begegnen sollen und das Erlernen dieses Respekts von klein auf.

5 #Femvertising — ein nicht immer glaubwürdiger Verdienst an die Gesellschaft

Zusammenfassend lässt sich sagen, dass Werbung durch die *Femvertising*-Bewegung von einer Frauen*verachterin* zu einer Frauen*versteherin* metamorphosiert ist. So haben sich bereits zahlreiche Unternehmen auf einem Marktplatz entfaltet, der davon profitiert, dass Feminismus im 21. Jahrhundert zu einem Erfolgsrezept in der Werbung geworden ist. *Femvertising*-Vorreiter wie Dove haben in ihrer feministischen Haltung einen ersten und mutigen Schritt gewagt, Frauen aus der festgefahrenen Werberolle der attraktiven Verführerin, des naiven Dummchens oder schlicht des schmückenden Beiwerks heraus zu manövrieren und ihnen zu einem emanzipationsbejahenden Platz innerhalb der Werbung zu verhelfen. Zahlreiche Marken folgten, und so unterzog sich eine weitere Marke des Unilever-Imperiums einem nicht zu verachtenden Imagewandel: Axe, das bis dato für frauenverachtende Werbekampagnen bekannt war, positionierte seine Philosophie neu und wandelte sich von einer Marke, deren Kosmetikprodukte Männern dazu verhelfen sollte, scharenweise Frauen an- und auszuziehen, zu einer Marke, deren Kosmetikprodukte Männern nun dazu verhelfen soll, ihren eigenen Stil zu finden und zu zelebrieren — der Grad der Attraktivität wird nun in Individualität statt in Sexappeal gemessen. Die Kampagnen der Unilever-Marken funktionieren. Sowohl Dove mit seiner altbewährten Kampagne für die natürliche Schönheit der Frau, als auch Axe in seiner Abwendung des herkömmlichen *sex sells,* hinterlassen in ihren Werbeauftritten eine glaubwürdige Botschaft. Statt die Gesellschaft mittels raffinierter Werbemaßnahmen weiter in überholten Rollenvorstellungen und Unsicherheiten zu bestärken, setzen die Marken auf das Gegenteil und ermutigen zum Andersdenken bezüglich Weiblichkeit und Individualität. Unilever legt ferner Wert darauf, die Neupositionierung des Unternehmens schrittweise auf all seine Marken auszuweiten. Auch die Diätmarke Special K der Firma Kellogg's hat diesen Umstand begriffen und leistet nun statt Schlankheitsratschlägen, Beistand, um die eigenen „Makel" zu akzeptieren — unter der Bedingung eines gesunden Lebensstils. Die widersprüchlich anmutende Logik einer Marke, deren Produkte auf das Abnehmen des Körpergewichts konzipiert sind, ruft unvermeidbar die Frage nach der Glaubwürdigkeit hervor. Die Frage wird in dieser Arbeit aus zweierlei Perspektiven betrachtet und kommt zum einen zu dem Ergebnis einer unaufrichtigen Markenphilosophie und zum anderen zu dem Ergebnis eines klugen Schachzugs, in dem sich die Marke zu der immanenten Widersprüchlichkeit bekennt. Welche Antwort letztendlich die richtige ist, bleibt in dieser Arbeit offen. Fest steht, dass die Unternehmen der drei untersuchten Marken in all ihren *Femvertising*-Versuchen die Gemeinsamkeit teilen, auch hinter der Werbefassade einen feministischen Leitgedanken zu verfolgen. Innerhalb der Unternehmensstrukturen finden sich sowohl bei Unilever (47 Prozent bei 10.321 Angestellten in den USA), als auch bei Kellogg's (33 Prozent bei 20.633 Angestellten in den USA) Frauen in hohen Führungspositionen. Der Fakt, dass sich die Werbebranche den Feminismus im 21. Jahrhundert zunutze macht, um damit erfolgsvorsprechend in der Produktvermarktung zu profitieren, lässt die Frage aufkommen, ob das eigentliche *Femvertising* auch im wahrsten Sinne des Wortes existiert. Denn feministische Werbung wirbt letztendlich nur mit dem Etikett des Feminismus, nicht aber für die Ideologie und die gesellschaftliche Bewegung an sich. Ein fünfminütiger Werbeclip der Hilfsorganisation CARE beweist aber, dass sich *Femvertising* in seiner pursten Form finden lässt. *#DearDaddy* handelt von einem Mädchen, das ihren Vater bereits ungeboren darauf aufmerksam macht, wie eine — häufig nicht ernstgemeinte — frauenverachtende Grundhaltung bei Männern über Generationen hinweg großen Schaden anrichten kann. Dass sich die frauenbestärkenden Botschaften in der Werbung ausweiten, lässt erahnen, in welch feministischem Aufschwung sich die Welt im 21. Jahrhundert befindet. Denn verändern sich die Wertvorstellungen der Menschen bezüglich Gestaltung und Verbesserung ihres Lebens und ihrer Lebensqualität, so „verändert dies auch den Stil der Werbung" (Bergler, Pörzgen & Harich, 1992, S. 17). Werbung ist „Ausdruck des Zeitgefühls, der zeitbedingten gesellschaftlichen Werte, aber auch des ganzen persönlichen Lebensstils" (Bergler, Pörzgen & Harich, 1992, S. 17) So kann man behaupten, dass sich die westliche Gesellschaft in einem Zeitgeist befindet, der die Rechte der Frau stärker einfordert, als jemals zuvor. Nicht umsonst findet sich die Bewegung in Marketingzwecken wieder. Werbung ist „gleichzeitig Bestandteil und Spiegelbild einer Kultur ihrer Hersteller" (Bergler, Pörzgen & Harich, 1992, S. 16) und sie ist nur dann konstruktiv, „wenn sie sich mit den Wünschen, angestrebten Werten und latenten Bedürfnissen, mit der Welt, in der Konsumenten leben möchten [...] beschäftigt" (Bergler, Pörzgen & Harich, 1992, S. 20). So befinden sich die Marken heute in einem pro-weiblichen Wandel und streben danach, ihre Produktbotschaften mit der Welt zu vereinbaren, in der ihre KonsumentInnen leben möchten. Die Zeiten, in denen die Ware in der Werbung noch als sie selbst erschien, sind lange passé (Böhme, 2016, S.115) — wo bis vor kurzem *sex sells* noch zuverlässig seinen Dienst erwies, stoßen neue frauen- und dementsprechend unweigerlich auch menschenrechtliche Ideale gegen die schädlichen Rollenvorstellungen aus der Vergangenheit vor.

Und so ist es letztgültig nicht maßgeblich relevant, ob und wie glaubwürdig Werbung ist, die sich des Erfolgsrezepts des *Femvertising* bedient, sondern *dass* feministische Inhalte bis in die Werbung vorgedrungen sind. Denn es steht außer Frage, dass Werbung manipuliert und unterbewusst beeinflusst und so ist es schlussendlich von essenziellem Belang, *welche* Inhalte die Werbewirtschaft ihren KonsumentInnen vermittelt. Auch, wenn es immer Marken geben wird, die dem moralischen und normativen Anspruch von Feminismus in ihrer Unaufrichtigkeit nicht gerecht werden, so zählt der Fakt, dass sie die Frauen in ihrer Werbung bestärken, statt sie im Sinne des Profits herabzuwürdigen. Doch die (pseudo-)feministischen Bestrebungen dieser Marken sind erst der Anfang: Es gilt die Werbeindustrie weltweit für *Femvertising* zu sensibilisieren und Werbung von sexistischen und festgefahrenen Geschlechterrollen zu befreien. Der Europarat forderte bereits im Jahr 2007 in seiner Resolution: „Our fundamental aim is accordingly to ensure that women everywhere can at last see their real image faithfully reflected in the world in which they lead their daily lives" (Bilgehan, 2007, S.113). Medien stellen die einzige Wirtschaftsbranche dar, in der wir die Welt buchstäblich so malen können, wie wir sie uns wünschen (Sweney, 2016) und so wäre es ein Leichtes für die Werbeindustrie weltweit, dem Geheiß der Europarat-Resolution nachzukommen. Wenn eine positive, respektvolle und menschenwürdige Darstellung von Frauen das Frauenbild in Werbung und Medien allgemein bestimmt, könnte das vielleicht sogar großen Einfluss darauf haben, mit welchen Ergebnissen die Google Autovervollständigung künftig „Feminismus ist" komplettieren wird.

Literaturverzeichnis

Bücher, Broschüren und Buchkapitel

Becker-Schmidt, R. (1988). Frauenforschung. In R. Asanger & G. Weniger (Hrsg.), Handwörterbuch Psychologie (S. 194-199). München/Weinheim: Psychologie Verlags Union.

Becker- Schmidt, R. Knapp, G.-A. (2007). Feministische Theorien zur Einführung. Hamburg: Junius Verlag.

Bergler, R., Pörzgen, B. & Harich, K. (1992). Frau und Werbung. Vorurteile und Forschungsergebnisse. Köln: Deutscher Instituts-Verlag.

Böhme, G. (2016). Ästhetischer Kapitalismus. Berlin: Suhrkamp.

Bohnsack, R. (2007). Die Differenzierung des ikonografischen Vor-Wissens: kommunikatives und Konjunktivs Wissen. In: B. Friebertshäuser, H. Felden von, B. Schäffer (Hrsg.), Bild und Text. Methoden und Methodologien visueller Sozialforschung in der Erziehungswissenschaft. (S. 28-29). Opladen: Barbara Budrich.

Bohnsack, R. (2013). Einleitung: Die dokumentarische Methode und ihre Forschungspraxis. In: R. Bohnsack, I. Nentwig-Gesemann & A.-M.Pohl (Hrsg.), Die dokumentarische Methode und ihre Forschungspraxis: Grundlagen qualitativer Sozialforschung. (S. 9-33). Wiesbaden: Springer Verlag.

Bohnsack, R. (2011). Qualitative Bild- und Videointerpretation. Die dokumentarische Methode. Opladen: Barbara Budrich.

Böhme, G. (1999). Theorie des Bildes. München: Fink.

Eismann, S. (2007). Einleitung. In S. Eismann (Hrsg.), Hot Topic. Popfeminismus heute. (S. 9-12). Mainz: Ventil Verlag.

Friedan, B. (1970). Der Weiblichkeitswahn oder Die Selbstbefreiung der Frau. Reinbek bei Hamburg: Rowohlt Taschenbuch Verlag.

Fröhlich, R., Holtz-Bacha, C. & Velte, J. (1995). Frauen und Medien. Eine Synopse der deutschen Forschung. Opladen: Westdeutscher Verlag.

Gerhard, U. (1988). Feminismus. In A. Lissner, R. Süssmuth & K. Walter. (Hrsg.), Frauen Lexikon. (S. 301-307). Freiburg im Breisgau: Herder.

Gerhard, U. (2003). Frauenbewegung und Feminismus. München: C.H. Beck.

Hagemann-White, C. (1983). Sexismus. In J. Beyer, F. Lamott & B. Meyer (Hrsg.), Frauenhandlexikon. (S. 260-263). München: C.H. Beck.

Hooks, B. (1997). Feminism: A Movement to End Sexist Oppression. In Kemp, S. & Squires, J. (Hrsg.), Feminisms (S. 22-27). Oxford: Oxford University Press.

Imdahl, M. (1979). Überlegungen zur Identität des Bildes. In: O. Marquard & K. Stierle (Hrsg.), Reihe: Poetik und Hermeneutik. (S. 187-211). München: Fink Verlag.

Knäpper, M.-T. (1984). Feminismus - Autonomie - Subjektivität. Bochum: Germinal Verlag.

Kotler, P. (2011). Kritik am Marketing aus gesellschaftlicher Sicht. In P. Kotler, G. Armstrong, V. Wong & J. Saunders (Hrsg.), Grundlagen des Marketing. (S. 111-114). München: Pearson Studium.

Metz-Göckel, S. (1988). Sexismus. In A. Lissner, R. Süssmuth & K. Walter. (Hrsg.), Frauen Lexikon. (S. 989-993). Freiburg im Breisgau: Herder.

Mitchell, W.J.T. (1994). Picture Theory. Essays on Verbal and Visual Representation. Chicago: Univ. of Chicago Press.

Niesyto, H. & Marotzki, W. (2006). Einleitung. In: H. Niesyto & W. Marotzki. (Hrsg.), Bildinterpretation und Bildverstehen. Methodische Ansätze aus Sozialwissenschaftlicher, kunst- und medienpädagogischer Perspektive. (S. 7-13). Wiesbaden: VS Verlag für Sozialwissenschaften.

Notz, G. (2011). Feminismus. Köln: PapyRossa-Verlag.

Pöge, K., Franke, Y., Mozygemba, K, Ritter, B. & Venohr, D. (2014) Welcome to Plurality. Ein kaleidoskopischer Blick auf Feminismen heute. In K. Pöge, Y. Franke, K. Mozygemba, B .Ritter & D. Venohr. (Hrsg.), Feminismen heute. Positionen in Theorie und Praxis. (S. 19-32). Bielefeld: transcript Verlag.

Neuhaus, B. (1981) Das Bild der Frau in der Werbung. in U. Probst (Hrsg.), Männer und Frauen sind gleichberechtigt. (S. 65-77). München: Ernst Vögel.

Schenk, H. (1983). Feminismus. In J. Beyer, F. Lamott & B. Meyer (Hrsg.), Frauenhandlexikon. (S. 79-80). München: C.H. Beck.

Schenk, H. (1979). Geschlechtsrollenwandel und Sexismus. Zur Sozialpsychologie geschlechtsspezifischen Verhaltens. Weinheim und Basel: Beltz Verlag.

Scheu, U. (1977). Wir werden nicht als Mädchen geboren — wir werden dazu gemacht. Frankfurt am Main: Fischer Taschenbuch Verlag.

Schierl, T. (2005). Werbungsforschung. In: K. Sachs-Hombach (Hrsg.), Bildwissenschaft. Disziplinen, Themen, Methoden. (S. 309-319). Frankfurt am Main: Suhrkamp.

Schmerl, C. (1983a). Frauenfeindliche Werbung. Sexismus als heimlicher Lehrplan. Reinbek bei Hamburg: Rowohlt Taschenbuch Verlag

Schmerl, C. (1983b). Werbung. In J. Beyer, F. Lamott & B. Meyer (Hrsg.), Frauenhandlexikon. (S. 315-320). München: C.H. Beck.

Schmerl, C. (1984). Das Frauen- und Mädchenbild in den Medien. Opladen: Leske und Budrich.

Schmölzer, H. (1993). Die Frau. Das gekaufte Geschlecht. Bad Sauerbrunn: Edition Tau.

Tuttle, L. (1986). Encyclopedia of Feminism. Essex: Longman.

Zeitschriften

Bilgehan, G. (2007). 2007 Ordinary Session (Third Part) 25-29 June 2007. Parliamentary Assembly, Working Papers, Band 5, S. 113.

Bohnsack, R. & Krüger, H.-H. (2004). Methoden der Bildinterpretation – Einführung in den Themenschwerpunkt. In: Zeitschrift für qualitative Bildungs-, Beratungs- und Sozialforschung, 5, S. 3-6, Zugriff am 14.03.2017, von
http://www.ssoar.info/ssoar/bitstream/handle/document/27004/ssoar-zbbs-2004-1-bohnsack_et_al-methoden_der_bildinterpretation.pdf?sequence=1

Bohnsack, R. (2003a). Dokumentarische Methode und sozialwissenschaftliche Hermeneutik. Zeitschrift für Erziehungswissenschaft. Ausgabe 4, S. 550-570.

Bohnsack, R. (2003b). Qualitative Methoden der Bildinterpretation. Zeitschrift für Erziehungswissenschaft. Ausgabe 6, S. 239-256.

Dittmar, H. & Howard, S. (2004). Thin-ideal internalization and social comparison tendency as moderators of media models´ impact on women´s body-focuses anxiety. Journal of Social and Clinical Psychology, 23, S. 768-791.

Smink, F. E., van Hoeken D. & Hoek, H. W. (2012). Epidemiology of eating disorders: Incidence, prevalence and mortality rates. Current Psychiatry Reports, Vol. 14 (4), S. 406-414.

Internetquellen

Axe. (2016). The most attractive man you can be is yourself. Find what makes you, you. Then work on it. [Tweet]. Zugriff am 07.02.2017, von https://twitter.com/AXE/status/692393549267009536

Bergermann, M. (2017). World Wide Women. Zugriff am 01.03.2017, von http://www.zeit.de/gesellschaft/zeitgeschehen/2017-01/proteste-donald-trump-womens-march

Biermann, K. (2013.) Google zeigt nur, was wir denken. Zugriff am 28.03.2017, von http://www.zeit.de/digital/datenschutz/2013-05/google-autocomplete-private-gedanken

BMFSFJ (Bundesministerium für Familie, Senioren, Frauen und Jugend). (2012). 25 Jahre Bundesfrauenministerium. Zugriff am 01.03.2017, von https://www.bmfsfj.de/blob/93164/2cba673d9fc928f6901378ac20ef9799/25-jahre-bundesfrauenministerium-data.pdf

Business Punk. (2016). FIND YOUR MAGIC: GEWINNE DIE NEUE AXE-MÄNNERPFLEGESERIE. Zugriff am 07.02.2017, von http://www.business-punk.com/2016/09/find-your-magic-gewinne-die-neue-axe-maennerpflegeserie/

Broadway Books. (2017). January 2017 Newsletter. Zugriff am 02.03.2017, von http://myemail.constantcontact.com/January-2017-Newsletter.html?soid=1113649131810&aid=7xrD1Q9C8LA

CARE. (2015). Care Video gegen Gewalt an Frauen: „Papa, sie werden mich Hure nennen". Zugriff am 08.03.2017, von https://www.care.de/meldungen/meldung/News/detail/care-video-gegen-gewalt-an-frauen-papa-sie-werden-mich-hure-nennen/

CARE Norway. (2015). #DearDaddy. Zugriff am 08.03.2017, von https://www.youtube.com/watch?v=dP7OXDWof30&feature=youtu.be

Cheetham Bell. (2012). Kellogg's Special K - Drop a Jean Size. Zugriff am 07.03.2017, von https://www.youtube.com/watch?v=F_fH5Z-RJfc

Cochrane, K. (2010). Feminism is not finished. Zugriff am 07.03.2017, von https://www.theguardian.com/lifeandstyle/2010/jul/24/feminism-not-finished-not-uncool

Commercial Song. (2016). AXE Commercial Song 2016 – Find Your Magic. Zugriff am 07.02.2017, von https://commercial-song.net/2016/01/axe-commercial-song-2016-find-your-magic/

Declaration of Sentiments. (1848). Zugriff am 21.02.2017, von http://www.womensrightsfriends.org/pdfs/1848_declaration_of_sentiments.pdf

Esch. (2015). „Find Your Magic": Schafft die Marke AXE ein neues Männerbild? Zugriff am 12.03.2017, von http://www.esch-brand.com/blog/find-your-magic-schafft-die-marke-axe-ein-neues-maennerbild/

Flood, A. (2015). Every 16-year-old in Sweden to receive copy of We Should All Be Feminists. Zugriff am 02.03.2017, von https://www.theguardian.com/books/2015/dec/04/every-16-year-old-in-sweden-to-receive-copy-of-we-should-all-be-feminists

Lau, M. (2005). Feminismus am Ende. Zugriff am 01.03.2017, von https://www.welt.de/print-welt/article556691/Feminismus-am-Ende.html

Lobo, M. (2016). Die feministische Selbstmontage. Zugriff am 21.02.2017, von http://www.zeit.de/kultur/2016-03/feminismus-kritik-debatte-frauen/komplettansicht

Dove. (2017a). DermaSpa Straffend+ Massage Roll-on. Zugriff am 02.01.2017, von http://www.dove.com/de/skin-care/body-oil/dermaspa-straffend-massage-roll-on.html

Dove Projekt für mehr Selbstwertgefühl. (2014). Unsere Mission. Zugriff am 01.02.1017, von http://selbstwertgefuehl.dove.de/Articles/Written/Our_Mission.aspx

Dove. (2017b). Straffend+. Zugriff am 01.01.2017 von http://www.dove.com/de/skin-care/skin-firming-cream.html

Dove. (2017a). Willkommen bei Dove. Zugriff am 26.01.2017, von http://www.dove.com/de/home.html

Duden. (2017a). Feminismus, der. Zugriff am 21.02.2017, von
http://www.duden.de/rechtschreibung/Feminismus

Duden. (2017b). Sexismus, der. Zugriff am 16.02.2017, von
http://www.duden.de/rechtschreibung/Sexismus

Etcoff, N., Orbach, S., Scott, J. & D´Agostino, H. (2014). "THE REAL TRUTH
ABOUT BEAUTY: A GLOBAL REPORT". Findings of the Global Study on
Women, Beauty and Well-Being. Zugriff am 27.01.2017, von
http://www.clubofamsterdam.com/contentarticles/52%20Beauty/dove_
white_paper_final.pdf

Hark, S. & Kerner, I. (2007). Der Feminismus ist tot? Es lebe der Feminismus!
Das „False Feminist Death-Syndrome". Zugriff am 28.02.2017, von
https://www.querelles-net.de/index.php/qn/article/view/510/518

Jamieson, A. (2016). Women's March on Washington: a guide to the post-
inaugural social justice event. Zugriff am 01.03.2017, von
https://www.theguardian.com/us-news/2016/dec/27/womens-march-
on-washington-dc-guide

Kellogg´s. (2017b). Jeans Don´t Lie. Zugriff am 07.03.2017, von
http://newsroom.kelloggcompany.com/news-releases?item=76218

Kellogg´s. (2017a). Our Best Days Are Yours. Zugriff am 07.03.2017, von
https://www.kelloggs.com/en_US/who-we-are/our-history.html

Kellogg´s. (2016a). Kellogg Recognized For Developing Female Executive Leaders. Zugriff am 20.03.2017, von http://investor.kelloggs.com/news-and-
events/press-releases/2016/03-01-2016-200555368

Kellogg´s. (2016b). Special K's „Own It" Campaign Celebrates Women. Zugriff
am 07.03.2017, von
http://www.kelloggdiversityandinclusion.com/en_US/marketplace/speci
al-ks-own-it-campaign-celebrates-women.html

Krashinsky Robertson. (2015). Kellogg's Special K rebrands dieting image with
self-empowerment. Zugriff am 07.03.2017, von
http://www.theglobeandmail.com/report-on-business/industry-
news/marketing/kelloggs-special-k-rebrands-dieting-image-with-self-
empowerment/article26464544/

Martin, W. (2015). These are the 21 FTSE 100 companies with the most female boardmembers. Zugriff am 20.03.2017, von http://www.businessinsider.com/lord-davies-gender-diversity-review-most-diverse-ftse100-boardrooms-2015-10?IR=T

Olds, J. (2016). Advertising and feminism: How to sell a social movement. Zugriff am 07.03.2017 von http://www.stuff.co.nz/life-style/life/80828445/Advertising-and-feminism-How-to-sell-a-social-movement

Rodionova, Z. (2016). Unilever, the owner of Magnum and Lynx, vows to end gender stereotyping in its adverts. Zugriff am 06.02.2017, von http://www.independent.co.uk/news/business/news/uniliver-the-owner-of-magnum-and-lynx-vows-to-end-gender-stereotyping-in-its-adverts-a7097686.html

Schmidt, Daniel-C., (2017). Der Widerstand formiert sich. Zugriff am 01.03.2017, von http://www.zeit.de/gesellschaft/zeitgeschehen/2017-01/womens-march-on-washington-buergerrechtsbewegung

SheKnows Media. (2015). 2016 #FEMVERTISING AWARDS FREQUENTLY ASKED QUESTIONS. Zugriff am 26.01.2017, von http://www.sheknowsmedia.com/2015-femvertising-awards-frequently-asked-questions

Smith, J. (2003). I'm a feminist, so I suppose I must be dead. Zugriff am 29.02.2017, von http://www.independent.co.uk/voices/commentators/joan-smith/im-a-feminist-so-i-suppose-i-must-be-dead-94901.html

Special K. (2012). Get the perfect fit with The Special K Challenge. Zugriff am 07.03.2017, von http://www.specialkalarabi.com/en/

Special K Canada. (2015). #OwnIt — Special K. Zugriff am 08.03.2017, von https://www.youtube.com/watch?v=aAVFCH9x7Og

Spence, B. (2016). Celebrating the NAFE Top Companies for Executive Women. Zugriff am 20.03.2017, von http://www.nafe.com/celebrating-nafe-top-companies-for-executive-women

Süddeutsche Zeitung. (2016). Justizminister Maas fordert Verbot von sexistischer Werbung. Zugriff am 27.02.2017, von http://www.sueddeutsche.de/medien/werbung-fdp-chef-lindner-anspiessigkeit-kaum-zu-ueberbieten-1.2945363

Sweney, M. (2016). Unilever vows to drop sexist stereotypes from its ads. Zugriff am 06.02.2017, von https://www.theguardian.com/media/2016/jun/22/unilever-sexist-stereotypes-ads-sunsilk-dove-lynx?CMP=twt_gu

Telegraph. (2010). Kellogg's Special K red dress to be sold by Marks & Spencer. Zugriff am 07.03.2017, von http://fashion.telegraph.co.uk/news-features/TMG7541696/Kelloggs-Special-K-red-dress-to-be-sold-by-Marks-and-Spencer.html

The Times. (2016). The Times Top 50 Employers for Women. Zugriff am 20.03.2017, von http://appointments.thesundaytimes.co.uk/article/times-top-50-employers-for-women/

Unilever. (2017e). Chancengleichheit für Frauen. Zugriff am 20.03.2017, von https://www.unilever.de/nachhaltigkeit/unilever-sustainable-living-plan/chancengleichheit-fuer-frauen/

Unilever. (2017a). How #UNSTEREOTYPE aims to change the way we see gender. Zugriff am 06.02.2017, von https://www.unilever.com/news/news-and-features/2016/how-unstereotype-aims-to-change-the-way-we-see-gender.html

Unilever. (2016a). Find your Magic campaign. Zugriff am 07.02.2017, von https://www.unilever.co.za/brands/brand-stories/axe-launches-find-your-magic-campaign.html

Unilever. (2017d). Knorr: Was darf's heute sein? Zugriff am 09.02.2017, von https://www.unilever.de/marken/uebersicht-unserer-marken/deutschland/knorr.html

Unilever. (2016b). Unilever to Unstereotype Portrayals of Gender in Advertising. Zugriff am 06.02.2017. von https://www.unileverusa.com/news/press-relea-ses/2016/unilever_to_unstereotype_portrayals_of_gender_in_advertising.html

Unilever. (2017b). Unsere Geschichte. Zugriff am 26.01.2017, von
https://www.unilever.de/ueberuns/wer-wir-sind/unsere-geschichte/

Unilever. (2017c). Dove — eine Marke für wahre Schönheit. Zugriff am
27.01.2017, von https://www.unilever.de/marken/uebersicht-unserer-
marken/deutschland/dove.html

UNRIC. (2017). UNRIC-Hintergrundinformation: Gewalt gegen Frauen - Die
Fakten. Zugriff am 08.03.2017, von
http://www.unric.org/de/pressemitteilungen/26167-gewalt-gegen-
frauen-die-fakten

Vogue. (2017). Dior unterstützt Rihanna mit "We Should All Be Feminists"-
Shirts. Zugriff am 02.03.2017, von http://www.vogue.de/mode/mode-
news/dior-shirt-rihanna-charity

Ward, L. (2003). Feminism: outmoded and unpopular. Zugriff am 28.03.2017,
von https://www.theguardian.com/uk/2003/jul/02/gender.women

WHO. (2013). Violence against women: a 'global health problem of epidemic
proportions'. Zugriff am 08.03.2017, von
http://www.who.int/mediacentre/news/releases/2013/violence_against
_women_20130620/en/

Women's March. (2017). Mission & Vision. Zugriff am 01.03.2017, von
https://www.womensmarch.com/mission/

Working Mother. (2017). Kellogg. Zugriff am 20.03.2017, von
http://www.workingmother.com/best-companies-kellogg

Working Mother. (2016). Unilever. Zugriff am 20.03.2017, von
http://www.workingmother.com/best-companies-unilever

Zeit. (2017). Pinke Farbenlehre. Zugriff am 01.03.2017, von
http://www.zeit.de/gesellschaft/zeitgeschehen/2017-01/washington-
womens-march-donald-trump-frauen-protest

#Femvertising Awards. (2016). Zugriff am 20.01.2017, von
http://femvertisingawards.com

Anhang

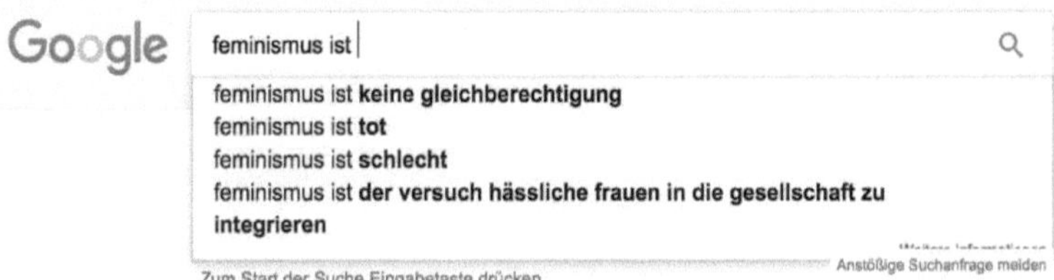

Abb. 8: Google Autovervollständigung

(Zugriff am 28.03.2017)